DIGITALE SCHULE

WAS HEUTE SCHON IM UNTERRICHT GEHT

ISBN 9789463869089

© 2019 Verlag ZLL21 e.V.
Schmilinskystraße 45
20099 Hamburg
Einige Rechte vorbehalten

Lektorat/Korrektorat: Gabi Fahrenkrog, Sonja Borski
Layout/Umschlaggestaltung: witt-gestaltung.de
Herstellung: Gabi Fahrenkrog
Satz: Blanche Fabri

Die 10 Praxisbeispiele in diesem Buch wurden erstmals 2015 in der Publikation „Chancen der Digitalisierung für individuelle Förderung im Unterricht – zehn gute Beispiele aus der Schulpraxis" im Auftrag der Bertelsmann Stiftung veröffentlicht.

Jöran Muuß-Merholz

DIGITALE SCHULE

WAS HEUTE SCHON IM UNTERRICHT GEHT

DAS PRAXISBUCH
ZUM INDIVIDUALISIERTEN LERNEN
MIT DIGITALEN MEDIEN

ZLL21
Zentralstelle für Lehren und
Lernen im 21. Jahrhundert e.V.

INHALT

DIE INSEL
UND DAS INTERNET

Ich hatte eine echte Erleuchtung, als ich im Sommer 2015 in einem kleinen Hotelzimmer auf der ostfriesischen Insel Langeoog saß. Mir gegenüber saß die Lehrerin Christiane Schicke und erklärte, was das Internet im Klassenzimmer ihrer Grundschule bedeutet. Schnell wurde klar, dass die digitale Welt nicht „nur ein Werkzeug" ist, wie in Diskussionen oft, gerne und falsch behauptet wird. Es gibt überhaupt nur 48 Schüler im Grundschulalter auf der Insel – und damit im Wesentlichen auch nicht mehr gleichaltrige Menschen in der „analogen Welt". Das Internet erweitert die Welt dramatisch. Lehrerin Christiane Schicke formulierte es so: „Wir können damit buchstäblich die Welt auf unsere Insel und in unsere Klasse holen."

Ich malte mir das weiter aus. Wer auf dieser Insel eine andere Sprache lernen möchte als es der Lehrplan vorsieht, der findet ohne Internet keine Mit-Lerner. Wer sich auf dieser Insel für ein Thema interessiert, von dem die drei Lehrkräfte der Insel und die eigenen Eltern noch nie gehört haben, findet außerhalb des Internets wahrscheinlich keine Gesprächspartner. Wer auf dieser Insel mit 15 Jahren merkt, dass er oder sie sexuell irgendwie anders tickt als die anderen 15-Jährigen, kann ohne das Internet kaum erahnen, dass dieses Anderssein ganz normal ist.

Auf der Nordseeinsel wird im Extrem sichtbar, was im Grundsatz auch für das Festland und die Großstadt gilt: Mit dem Internet können wir Schule, Unterricht und Lernen nicht nur optimieren, sondern tatsächlich in neuen Dimensionen denken.

Ich war nach Langeoog gekommen, weil die Bertelsmann Stiftung mich gebeten hatte, für eine Publikation Praxisbeispiele von „digitaler

Schule" zusammenzustellen. Ich sprach dafür im Juli und August 2015 mit insgesamt 10 Lehrerinnen und Lehrern. Während der Auswertung meiner Notizen wurde klar, dass ich nicht einfach nur ein paar digitale Methoden und Tools für den Unterricht vorstellen, sondern ein Porträt der Lehrer*innen und ihrer Arbeit schreiben wollte. So entstand die Publikation „Chancen der Digitalisierung für individuelle Förderung im Unterricht – zehn gute Beispiele aus der Schulpraxis". Die gedruckte Broschüre wurde freundlich aufgenommen, aber die Resonanz blieb überschaubar, auch nachdem ich die Texte auf meiner Website www. joeran.de veröffentlicht hatte. Dann kam das Jahr 2018 und irgendwann fiel mir in den Abrufstatistiken meiner Website auf, dass die Texte 2018 mehr Nachfrage fanden als in den Vorjahren zusammen. Offenbar ist das Thema Digitale Schule 2018 im Mainstream angekommen.

Das war der Anlass, die Texte aus der (inzwischen vergriffenen) Publikation in einem neuen Buch zu veröffentlichen. Dank der freien Lizenz, unter der die Texte veröffentlicht sind, war das relativ leicht machbar. Vor allem aber auch wegen der unkomplizierten Kooperation mit den zehn Lehrkräften und der Möglichkeiten, die digitale Plattformen für einen kleinen, unkommerziellen Verlag bieten, ist eine erneute Veröffentlichung möglich.

Wer dieses Buch also 2019 in der Hand hält, der liest etwas über den Stand von 2015. Obwohl der digitale Wandel rasant voranschreitet, sind alle grundlegenden Fragen und Ideen heute genauso aktuell wie vor vier Jahren. Manche Tools und Websites mag es nicht mehr geben, aber die großen Fragen gelten unverändert. Ich wollte für die Neuauflage nicht einfach diejenigen Arbeiten löschen, die nicht mehr im Netz erreichbar sind. Deswegen sind tote Links mit einem Kreuz als Fußnoten-Zeichen† markiert. Man sieht: das Internet vergisst Vieles. Aber das Wettrennen um eine gute Pädagogik bleibt zweifellos offen, aktuell und virulent.

Jöran Muuß-Merholz
Hamburg, Oktober 2018

ZEHN THESEN ZU DIGITALEN MEDIEN IM UNTERRICHT

Pioniere und Avantgarde

Eine Anmerkung für alle, die diesen Text in ferner Zukunft lesen: 2015 war es in Deutschland die Ausnahme von der Regel, wenn digitale Medien im Schulunterricht genutzt wurden. Fast alle anderen gesellschaftlichen Bereiche waren vom digitalen Wandel erfasst worden – alleine das Bildungswesen und insbesondere die Schule zögerten. 2015 war die Entscheidung für digitale Medien im Unterricht maßgeblich davon abhängig, ob sich einzelne Schulleitungen und vor allem Lehrkräfte mit individuellem Engagement auf neue Wege wagten.

Vor diesem Hintergrund kann man die vorliegenden zehn Beispiele nicht nur als Fallstudien von Unterricht verstehen, sondern auch als Porträt und Anerkennung der konkreten Lehrkräfte, die als Pioniere und Avantgarde gelten können.

Selbstverständlich sind zehn Gespräche keine ausreichende Grundlage, um daraus allgemeingültige Folgerungen zu ziehen. Einige übergreifende Beobachtungen sollen aber im Folgenden skizziert werden, auch um Diskussionsanstöße zu liefern, die die Debatte vorantreiben. Sie sollen einen kleinen Baustein für den Weg von der Avantgarde hin zur Etablierung in der Breite liefern.

These 1: Auf den Pädagogen kommt es an!

Um es vorweg zu nehmen: Alle interviewten Lehrkräfte wären sicherlich auch ohne digitale Medien tolle Pädagogen und Pädagoginnen. Ihr Unterricht ist klar strukturiert und von einem hohen Anteil an Lernzeit gekennzeichnet. Ihre Methoden sind abwechslungsreich und aktivierend. Mit digitalen Medien erweitern sie ihr professionelles Handlungsrepertoire und die Lernwelt der Schüler. Umgekehrt gilt (auch wenn dafür kein Beispiel in den zehn Fallstudien vorliegt): Auch mit digitalen Medien kann man schlechten Unterricht machen.

Insofern sind die zehn Praxisfälle nicht nur Beispiele für den Einsatz digitaler Medien, sondern auch Beispiele für guten Unterricht. Die Grundfrage lautet nicht: „Wie können wir digitale Medien einsetzen?", sondern vielmehr: „Wie gestalten wir Unterricht, in dem individuell und selbstgesteuert gelernt werden kann?" Daran erkennt man guten Unterricht mit digitalen Medien: Die digitale Medien sind Teil der Antworten, nicht Teil der Frage.

These 2: Digital und analog sind Teile derselben Welt.

Wenn andernorts grundsätzlich und bisweilen ideologisch über die „totale Digitalisierung", die „Virtualisierung" oder eine „Revolution" gestritten wird, gehen die interviewten Lehrkräfte sehr pragmatisch vor. Es geht nicht um die Abschaffung der Schule durch E-Learning, sondern um die Erweiterung der Möglichkeiten im Unterricht. Selten werden 100 Prozent digitale Lösungen angestrebt. Vielmehr werden analog und digital pragmatisch gemischt und kombiniert, wenn zum Beispiel handgeschriebene Arbeiten per Smartphone-Kamera digitalisiert und verschickt werden. „Das Digitale ist kein Selbstzweck" – dieser Satz ist für die interviewten Lehrkräfte vermutlich eine Binsenweisheit.

These 3: Digitale Medien unterstützen den Rollenwandel für Schüler und Lehrkräfte.

Blickt man auf das Gesamtbild, das sich aus den zehn Beispielen ergibt, so erkennt man den Wandel der Lernkultur, wie er auch unabhängig vom Medieneinsatz in Deutschland diskutiert und gefordert wird. Die Rolle der Lehrer*innen ist nicht mehr (in erster Linie) Wissensvermittler*in, sondern (auch) Lerncoach und -berater*in. Die Lehrkraft unterstützt die

Schüler*innen dabei, ihre eigenen Lernprozesse erfolgreich zu gestalten. Gleichzeitig werden die Schüler*innen von eher passiven Empfängern von Unterricht zu aktiven Lernenden. Ein Satz, der in den Interviews häufiger fiel, lautet: „Die Schüler können nicht mehr abtauchen." Positiv gewendet: Bei einer intelligenten Individualisierung und dem Einsatz digitaler Medien können Schüler ihre eigenen Interessen, Fähigkeiten und Begabungen stärker einbringen. Die digitalen Medien erhöhen die Verbindung zu ihrer Lebenswelt. So wurde in den Interviews mehrmals davon berichtet, dass Schüler bei der Arbeit mit Videos oder in einem Blog Talente einbringen konnten, von denen die Lehrkräfte vorher nichts ahnten.

Digitale Medien unterstützen dabei potentiell alle anstehenden Aufgaben. In den präsentierten Beispielen stehen dabei häufig die Informationsbeschaffung und die Produktion von Lernergebnissen im Vordergrund. Auch Übungen und Feedback mit digitalen Medien werden häufig hervorgehoben. Andere Themen wie adaptive Lernsoftware, Big Data oder Serious Games spielen bislang allenfalls eine untergeordnete Rolle.

These 4: Der Arbeitsaufwand für die Lehrkräfte verschiebt sich.

Keiner der interviewten Lehrer*innen hat über den zusätzlichen Aufwand geklagt, den die Nutzung digitaler Medien für ihren Arbeitsalltag bedeutet. Vielmehr besteht ein Konsens, dass sich der Aufwand für die Vorbereitung von Unterricht erhöht, dass sich diese Investition aber im Unterricht selbst auszahlt, weil dann die Schüler*innen „die Arbeit machen". Die Lehrer*innen werden bei schülerzentrierten Methoden davon entlastet, Inhalte vorzubereiten und zu präsentieren. Bei Input und Übungen liegen zwei Stärken digitaler Medien.

Digitale Medien machen die Lehrkraft nicht überflüssig. Sie entlasten sie von bestimmten Aufgaben, vor allem beim Input und bei der Kontrolle von Schülerübungen. Die gewonnene Zeit wird in einem solchen Unterricht benötigt, um Schüler individuell begleiten und beraten zu können, sowie um gemeinsame Phasen in Gruppen und im Plenum zu strukturieren. Eine Aktivierung der Schüler*innen bedeutet also nicht eine passivere Rolle der Lehrkraft. In einem guten Unterricht sind alle Beteiligten aktiv.

These 5: Kleine Dinge machen große Unterschiede.

Sehr häufig finden sich in den Fallbeispielen Aussagen, dass eine hochgradige Differenzierung von Materialien, Aufgabenstellungen, Kommunikation oder Lernprodukten auch ohne digitale Medien möglich war, nur dass der Aufwand um ein Vielfaches höher war. Daraus könnte man ableiten, dass mit digitalen Medien vor allem „mehr vom Selben" möglich ist. Doch dieser Schluss greift zu kurz. Aus dem graduellen Unterschied kann ein qualitativer Unterschied werden. Der Physik-Nobelpreisträgers P. W. Anderson hat im naturwissenschaftlichen Bereich die Beobachtung „More is different" dokumentiert. Wenn der quantitative Unterschied eine bestimmte Größe erreicht, so verändert sich auch die Qualität eines Gegenstands. Mit digitalen Medien lässt sich nicht (nur) das Gleiche wie vorher einfacher oder schneller machen. Die informationelle Welt funktioniert mit digitalen Medien so radikal anders, dass auch die Welt von Lernen und Lehren grundsätzlich davon betroffen ist.

Häufig sind es die vermeintlich kleinen Dinge, die große Unterschiede für die Praxis bedeuten. Das gilt auf der Ebene der Technik wie auch für den methodischen Unterrichtseinsatz. Ein Grund für die Beliebtheit von Tablet-Computern könnte darin liegen, dass sie die Zuverlässigkeit der Technik von 95 Prozent auf 99 Prozent steigern. Diese Veränderung macht einen entscheidenden Unterschied, ob eine Lehrkraft sich auf die Technik verlässt oder sie nur als optionale Möglichkeit einplanen kann. Das gilt auch für die zeitliche Ebene: Für die Unterrichtspraxis macht es einen großen Unterschied, ob ein Schüler beim Nachschlagen erst drei Minuten warten muss, bis ein Laptop hochgefahren ist, oder drei Sekunden, die sein Smartphone braucht. Es ist der Unterschied zwischen Nicht-Nachschlagen und Nachschlagen.

Bisweilen braucht es gar nicht die weltweite Vernetzung, die ein Smartphone mit sich bringt. Alleine der einfach verfügbare Bild-/Video-/

Audio-Rekorder im Smartphone ermöglicht eine ganze Reihe neuer Anwendungsmöglichkeiten.

Umgekehrt darf man nicht unterschätzen, welche Rolle gutes Design und klare Funktionalität spielen. Schon verhältnismäßige niedrige Hürden wie das wiederholte Eintippen von Zugangsdaten in einem Lernmanagementsystem können dafür sorgen, dass Systeme nicht in die schulischen Abläufe und die individuellen Nutzungsgewohnheiten passen – und dann einfach nicht genutzt werden.

Auf der methodischen Ebene betonen mehrere Lehrkräfte, dass kleine Vereinfachungen große Auswirkungen haben, z.B. auf logistischer Ebene. „Heft vergessen gibt es nicht mehr" ist ein Satz, der immer wieder zu hören ist. So sind es häufig kleine Vereinfachungen, die Unterricht grundsätzlich verändern können. Beispiel Nachschlagewerke: Wer einen digitalen Text zusammen mit einem digitalen Wörterbuch liest, kann Wörter in einem Bruchteil der Zeit nachschlagen, die es im papierenen Wörterbuch benötigte. Damit ändert sich grundlegend auch die Auswahl der Texte für den Unterricht. Schüler können nun selbstbestimmt Texte lesen, die sie ihren individuellen Interessen entsprechend im Web finden.

These 6: Es gibt eine große Vielfalt bei Hardware und Software.

Schaut man quer über die zehn Fallbeispiele, findet man die ganze Bandbreite unterschiedlicher Technik. Bei der Hardware sind es Tablets, Notebooks, Smartphones, PC-Ecken oder auch der Computerraum. Es gibt nicht „die beste Hardware" für den Einsatz in der Schule. Wenn man einen Trend identifizieren sollte, wäre es wohl das Konzept BYOD, das mal mehr, mal weniger offiziell Einzug in Schulen hält. BYOD steht für „Bring Your Own Device", also für die Nutzung der Geräte, die Schüler ohnehin schon in ihrem privaten Besitz haben.

Dieselbe Vielfalt findet sich auch auf der Ebene der Software wieder. Hier werden oft die vom Schulträger gestellten Lernmanagementsysteme wie Moodle oder iServ genutzt. Dort wo es erlaubt ist, kommen auch Dienste wie Google Drive, Dropbox oder Evernote zum Einsatz. Für die kollaborativen Arbeiten gibt es Blogs und Wikis, Etherpads und Google Docs. Hinzu kommen Programme und Webangebote für Inputs und Übungen. Auch hier gilt: Das perfekte System für die Schule gibt es nicht. Die Lehrkräfte entscheiden individuell, abhängig von ihren Rahmenbedingungen und Zielsetzungen.

Dabei ist der Stellenwert von generischen Angeboten häufig mindestens genau so hoch wie der von speziellen Lehr-Lern-Angeboten. „Generisch" meint hier, dass die Software / Services nicht speziell für Unterricht und Schule gedacht sind, sondern zu verschiedenen Zwecken genutzt werden können. Eine Textverarbeitung ist ein klassisches Beispiel für eine generische Software. Diese Beobachtung mag banal klingen, aber sie bildet ein deutliches Gegengewicht zur vorherrschenden Debatte, in der es fast nur um „Learning Apps", „e-learning-Anwendungen" oder „Lern-Management-Systeme" geht.

These 7: Datenschutz bleibt ein ungelöstes Problem.

Gerade wenn es um die Nutzung von Online-Angeboten geht, bleibt die Frage nach dem Datenschutz eine zentrale Herausforderung. Viele Praktiker bemängeln, dass ihnen institutionelle bzw. staatliche Stellen strikte Vorgaben machen, was alles nicht zu nutzen sei, dass ihnen aber gleichzeitig Alternativen fehlen. So bleibt die Verantwortung letztlich bei der einzelnen Lehrkraft oder der Schule, die damit zwangsläufig überfordert sein muss. Dabei gibt es vereinzelt durchaus Initiativen, bei denen Schulen, Schulträger und Schulaufsicht Hand in Hand gehen, um Rechtssicherheit und einen geschützten Raum für die Nutzung digitaler Medien zu schaffen.

These 8: Die EVA-Didaktik vernachlässigt den Mittelpunkt – das Lernen.

Das EVA-Prinzip stammt aus der Informatik. EVA steht für die drei Phasen Eingabe – Verarbeitung – Ausgabe, in die sich die Informationsverarbeitung eines Computers untergliedern lassen kann. Ein Beispiel: Nach der Eingabe über die Tastatur findet die Verarbeitung der Daten im Prozessor statt und resultiert in der Ausgabe eines Ergebnisses auf dem Bildschirm.

In vielen Beispielen findet sich ein EVA-Prinzip auch für den Unterricht mit digitalen Medien. In der Eingabe-Phase recherchieren die Schüler nach Informationen, wofür sich digitale Medien und vor allem das Web außerordentlich gut eignen. In der Ausgabe-Phase werden Lernergebnisse als digitale Produkte entwickelt. Auch hier gibt es im digitalen Bereich großartige Möglichkeiten, von der Textverarbeitung oder Hypertexten in Blogs und Wikis, über Videos und Hörstücke bis zu interaktiven Formaten wie Zeitstrahl, Landkarte oder Geocache. Dazwischen liegt die Phase der Verarbeitung, in der vermutlich das Entscheidende stattfindet: das Lernen.

Zu dieser mittleren Phase finden sich weniger Überlegungen als zu Eingabe und Ausgabe, sowohl zur Methodik als auch zu den Werkzeugen. Die Phase der Verarbeitung, also die individuellen Lernprozesse, die mögliche Unterstützung durch Lehrkräfte und das Potential von digitalen Werkzeugen, verdienen besondere Aufmerksamkeit in der Weiterentwicklung von Unterricht mit digitalen Medien.

These 9: **Digitale Medien fördern Teamarbeit.**

Alle interviewten Lehrkräfte teilen ihre Ideen und Konzepte und berichten offen von ihren Schwierigkeiten und Fehlschlägen – online und offline. Die (digitale) Vernetzung ist für sie auch Teil ihrer Profession. Fast alle betreiben eigene Blogs oder sind auf Twitter aktiv. Sie treffen sich auf selbst organisierten Veranstaltungen wie den Educamps und anderen Barcamps. Und häufig stellen sie ihre Arbeiten nicht nur öffentlich zur Verfügung, sondern versehen sie auch mit einer Lizenz zur Weiternutzung als Open Educational Resources (OER).

Und wenn Lehrkräfte Kooperation kennen, können und leben, dann scheint es fast einen Automatismus zu geben, dass sie auch ihre Schüler*innen zusammenarbeiten lassen. Kommunikation und

Kooperation haben einen hohen Wert beim Lernen und Lehren. Mit digitalen Medien vervielfachen sich hier die Möglichkeiten, sowohl für Teams in einem Raum als auch für die Vernetzung rund um die Welt.

These 10: **Das Wettrennen um eine bessere Pädagogik ist eröffnet.**

In den Praxisbeispielen finden sich häufig Methoden einer „anderen Pädagogik". Das Arbeiten in Projekten und an Produkten, das eigenständige und personalisierte Lernen, die Orientierung an „real-world"-Aufgaben und an echten Kompetenzen stehen im Vordergrund.

Gleichzeitig wird deutlich, dass auch bei Input und Übungen zwei Stärken digitaler Medien liegen. Es lassen sich also auch die zwei großen Säulen der „alten Pädagogik" mit digitalen Mitteln optimieren.

Niemand wird bezweifeln, dass es sowohl die progressiven Ansätze wie auch die soliden Grundlagen braucht, am besten untereinander verbunden und miteinander verwoben. Aber digitale Medien fördern nicht automatisch die eine oder andere Pädagogik. Vielmehr gilt: Digitale Medien sind große Verstärker. Mit digitalen Medien lässt sich eine progressive Pädagogik stärken und ausbauen, wenn man eine progressive Pädagogik stärken und ausbauen möchte. Und mit digitalen Medien lässt sich eine Drill-and-Practice-Pädagogik mit starker Steuerung und intensiver Kontrolle verstärken, wenn man Drill-and-Practice mit starker Steuerung und intensiver Kontrolle will.

Es ist von entscheidender Bedeutung, welche pädagogischen Leitbilder wir mit der Diskussion um die digitale Schule verbinden. Man kann auch mit digitalen Medien eine sehr altmodische Schule machen. Das Rennen um eine bessere Pädagogik ist weiterhin offen. Die Digitalisierung fungiert dabei wie Steroide oder Brandbeschleuniger. Umso wichtiger ist es, dass wir in allen Debatten um Digitalisierung auch immer unsere Bilder und Ziele in Sachen Pädagogik mitdiskutieren.

ZEHN LEHRKRÄFTE VON DER NORDSEEINSEL BIS ZUR SCHWEIZ

Zehn Beispiele können keinen Anspruch auf Vollständigkeit geben. Aber anders herum gilt: Schon zehn Beispiele zeigen, wie groß die Vielfalt ist, mit der digitale Medien im Unterricht eingesetzt werden können.

1. Das erste Beispiel führt in eine Realschule nach Bayern, wo Schulleiter **Markus Bölling** Unterricht demonstriert, in denen 100 Prozent der Schüler aktiv sind. Wie genau das aussieht, zeigen Beispiele aus den Fächern Biologie, Mathe, Englisch und Deutsch.

2. Von Bayern springen wir zur Insel Langeoog, auf der es insgesamt 48 Schüler im Grundschulalter gibt. Ihre Lehrerin **Christiane Schicke** macht deutlich, dass digitale Medien nicht „nur ein Werkzeug" sind: „Wir können damit buchstäblich die Welt auf unsere Insel und in unsere Klasse holen."

3. In Hamburg arbeitet **Lisa Rosa,** die mit verschiedenen Schulen groß angelegte Blogprojekte durchgeführt hat, zum Beispiel zur KZ-Gedenkstätte Neuengamme. Rosa argumentiert gegen die in Schulen verbreitete Filtersoftware und für eine Ersetzung des Begriffs „Individualisierung" durch „Personalisierung" des Lernens.

4. „Digitale Medien helfen nicht bei der Individualisierung – sie ermöglichen die konsequente Individualisierung erst!" Das sagt **Daniel Bernsen,**

Lehrer für Geschichte, Französisch, Spanisch an einem Gymnasium in Koblenz. Seine Beispiele zeigen, dass Geschichte und Medienbildung vieles gemeinsam haben.

5. Wenn **Monika Heusinger** Spanisch und Französisch in Saarbrücken unterrichtet, dann setzt sie konsequent auf digitale Medien. Die Digitalisierung steigert Effizienz, Authentizität und nicht zuletzt die Motivation der Schüler: „Das ist ihr natürlicher Weg, den sie auch zu Hause gehen, wenn sie Informationen suchen. Das fördert die Motivation enorm!"

6. **Achim Lebert** ist Schulleiter in München. Er ist selbst unter den Pionieren ein alter Hase. „Im Jahr 2001 unterrichtete ich das erste Mal in einer Notebookklasse. Nach einem Jahr hielt ich diese Form des Arbeitens für absoluten Unsinn. Heute ist das Arbeiten in solchen Klassen für mich zur Selbstverständlichkeit geworden. Das Unterrichten in alten Formen fällt mir zunehmend schwer."

7. In Wuppertal besuchen wir eine neu gegründete Gesamtschule und sprechen mit Lehrer **Felix Schaumburg-Blum.** Er setzt auf das „Universalwerkzeug Tablet", mit dem er eine große Ausweitung von Themen und Lernwegen ermöglicht: „Ich habe alles zur Verfügung und kaum noch Limitierungen."

8. Zwei konkrete Projekte stehen im Zentrum des Fallbeispiels von **Mandy Schütze,** Lehrerin im fränkischen Gerabronn. Mit einem „Ethik-Blog" und einem „Geographie-Wiki" arbeitet sie an Möglichkeiten, mit denen Schulklassen ihre Arbeit nicht mehr in 28 getrennten Schulheften, sondern gemeinsam dokumentieren.

9. Ein Beispiel aus der Beruflichen Bildung kommt aus Kassel, wo **Heinz Dieter Hirth** die Selbstorganisation der Lernenden auf die Spitze treibt. Für ihn ist die Didaktik auch eine Frage von Mündigkeit: „Die Lernenden müssen erstmal ihre Konsumhaltung ablegen. Sie sollen ihren Lernprozess aktiv gestalten. Sie müssen ‚Prosumenten' werden."

10. Im letzten Beispiel schauen wir auf die Arbeit von **Philippe Wampfler,** der Deutsch und Philosophie in der Schweiz unterrichtet. Für Wampfler steht das Schreiben im Mittelpunkt: „Wichtig ist mir, dass die Schüler überhaupt schreiben. Sie sollen viel schreiben – mehr als ich jemals korrigieren kann!"

01

von

10

DIGITALE MEDIEN ERFORDERN NEUE ROLLEN

DIGITALE MEDIEN
IM UNTERRICHT VON MARKUS BÖLLING

Schweineherz-Sezieren mit YouTube

„Der erste Schnitt geht in die linke Herzhälfte. Wir schneiden hier vom Herzohr nach unten zur Herzspitze", erklärt die Stimme von Frank Lohrke, Lehrer an der Realschule am Europakanal in Erlangen. Lohrke steht zwar gerade vor seiner Biologie-Klasse. Seine Stimme kommt aber von einem YouTube-Clip[1]. Das Video haben schon 10.000 Personen angesehen. Dabei hat Lohrke es eigentlich nur für seine Biologiestunden gemacht. Die Schüler schauen sich das Video als Vorbereitung zu Hause an. Das digitale Sezieren wird nicht etwa als abstrakter Ersatz der Praxis genutzt, sondern zur Verbesserung der Übung. In der Unterrichtsstunde liegt vor jedem Schüler ein Schweineherz und ein iPad. Die Schüler schneiden nun selbst das Herz auf und nutzen das Video als Vorlage. Dafür können sie das Video immer wieder auf Pause stellen oder zurückgehen, um sich einen Schritt noch einmal anzuschauen.

„Das ist eine wunderschöne Stunde!", schwärmt Markus Bölling, Schulleiter der Realschule am Europakanal. „Diese Unterrichtsstunde gab es früher klassisch mit Foto und Text im Schulbuch und Ping-Pong-Unterricht dazu. Vielleicht hatte ich auch Schweineherzen und eine schriftliche Anleitung dazu. Die Stunde von Herrn Lohrke ist jetzt die Königsdisziplin! Die Schüler können pro-

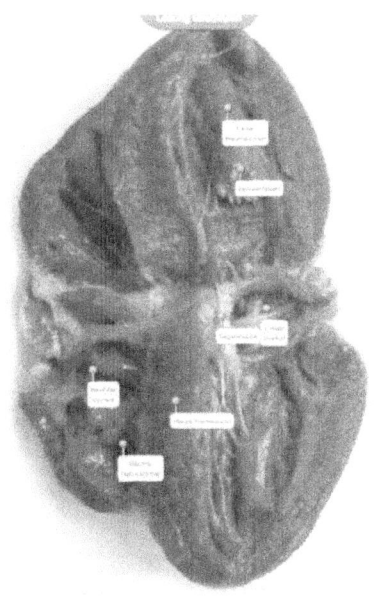

fessionell das Herz aufschneiden." Ping-Pong ist Böllings Beschreibung für die vielerorts vorherrschenden Formen von Unterricht, bei denen die Aktivität der Lernenden auf das Zuhören und vereinzeltes Beantworten von Fragen beschränkt wird.

**Schweineherz-Übung,
Youtube-Clip von Frank Lorke**
Foto: Markus Bölling

Der Unterricht mit dem Tablet wirkt natürlich moderner als mit Papier und Stift. Aber bringt das neue Medium wirklich einen Mehrwert für das Lernen? „Auf jeden Fall!", sagt Schulleiter Bölling. „Im Vergleich zum Arbeiten mit der schriftlichen Vorlage gibt es deutlich weniger Fehler in der Übung als vorher. Und unsere Leistungstests haben ergeben, dass die Behaltensrate gegenüber Buch und Ping-Pong-Unterricht besser ist."

Diese Schulstunde, in der das Tablet so selbstverständlich vorhanden ist, dass es fast nebensächlich wirkt, ist für Bölling ein Beispiel für die veränderte Lehrerrolle: „Wenn der Lehrer klassisch vorne steht und steuert, dann haben wir eine Schüleraktivität von 10 bis 20 Prozent. Hier haben wir jetzt 100 Prozent Aktivität." Alle Schüler sind aktiv. Lehrer Lohrke geht derweil herum und kann auf individuelle Fragen eingehen. Mit dem Video hat er sich quasi 26-fach multipliziert: Auf 25 Bildschirmen ist er in individuellem Tempo zu sehen, und der 26. Herr Lohrke steht leibhaftig für individuelle Nachfragen bereit.

Auch für die Lernkontrolle nutzt Lohrke die digitalen Medien. Mit LearningApps hat er eine Übung gebaut, in der man ein Foto von einem Schweineherz sieht. Die Schüler müssen die einzelnen Bestandteile und deren Funktionen den korrekten Positionen auf der Abbildung zuordnen. Das Programm gibt sofort Rückmeldung, so dass die Schüler ihr Lernen selbst prüfen können.

Lehrer Lohrke nutzt dieses Vorgehen inzwischen häufig, auch im Fach Chemie. Eines seiner Videos wurde auf YouTube bereits 50.000 mal aufgerufen. Auch viele Übungen sind öffentlich im Netz[2] zu finden. Die Schule hat dafür unter edu.real-euro.de[3] den „OpenClassroom der iPad-Klassen" eingerichtet.

In Bayern gibt es die Möglichkeit, dass Lehrer von Unterrichtsverpflichtungen entlastet werden, um Lernvideos zu erstellen. Ermöglicht wird dies im Rahmen des Projektes „Lernreich 2.0" im Rahmen des Bildungspakts Bayern[4], in dem Kultusministerium und Wirtschaft kooperieren. Im Projekt erproben 45 Schulen neue Wege, wie Üben und Feedback digital unterstützt werden können.

Mehr Aufwand, neue Aufgaben

Die Biologiestunde mit den Schweineherzen ist ein deutlicher Mehraufwand. Gegenüber dem klassischen Unterricht musste Lehrer Lohrke ja nicht nur einen Klassensatz Schweineherzen besorgen, sondern auch noch das YouTube-Video produzieren. Muss ein derartiger Aufwand zum Normalfall werden? „Die Unterrichtsvorbereitung ist am Anfang aufwändiger und schwieriger", gibt Schulleiter Bölling zu. „Aber im Unterricht selbst werde ich entlastet." Und genau diese Entlastung kann für die individuelle Förderung genutzt werden, wenn die Lehrkraft ihren

Freiraum entsprechend nutzt. Bölling: „Schüler müssen wahrgenommen werden oder brauchen manchmal schlicht Unterstützung um weiterzukommen. Für Feedback und individuelle Rückmeldungen brauchen Lehrer also mehr Zeit. Digitale Medien können diese Zeit schaffen, wenn sie den Lehrer vom Input entlasten. Dann müssen Lehrer allerdings auch herumgehen und aktiv die Schüler ansprechen. Sie können nicht einfach vorne sitzen bleiben." Die neue Lehrerrolle: die Lehrkraft als wandelnder Ratgeber. Entlastung meint also nicht, dass digitale Medien die Lehrkraft überflüssig machen. Sie entlasten sie nur von bestimmten Aufgaben, vor allem beim Input und bei der Kontrolle von Schülerübungen. So kann sie mehr Energie in ihre neue Rolle als Unterstützer individueller Lernprozesse stecken.

Auch bei der Frage nach dem Aufwand für die Unterrichtsvorbereitung gibt es hoffnungsvolle Perspektiven: Das Schweineherz-Video hat den Vorteil, dass es nur ein einziges Mal produziert werden musste und nun immer wieder einsetzbar ist. Da es auf YouTube steht, können alle anderen Biologie-Lehrer und -schüler darauf zugreifen. Ganz neue Formen der Arbeitsteilung werden möglich. Man stelle sich nur vor, dass jeder der Zigtausend Biologielehrer im deutschsprachigen Raum durchschnittlich nur ein einziges gutes Video bereitstellt …

Digitales Storytelling
mit Pocahontas als Comic

Wir wechseln die Klasse und besuchen den Englisch-Unterricht bei Johannes Offinger. Es geht um Listening Comprehension, also Übungen zum Hörverstehen. Schulleiter Bölling erinnert: „Klassischerweise kommt der Lehrer mit Kassetten- oder CD-Player rein und drückt auf die ‚Play'-Taste. Die Schüler hören zu und bearbeiten auf einem Arbeitsblatt einen Multiple Choice Test oder einen Lückentext." In der Klasse von Johannes Offinger hat jeder Schüler Kopfhörer und iPad. Sowohl die Hörbeispiele als auch die Übungsblätter sind digital verfügbar. Lehrer Offinger kann auf diesem Weg drei Probleme des alten Modells beheben:

1. Asynchronität: Das Hörbeispiel läuft nicht mehr für alle gleichzeitig. Jeder Schüler kann individuell die Geschwindigkeit verändern, zurückspulen oder Pause drücken.

2. Aktualität: Typischerweise kamen die Übungen früher aus Ergänzungsmaterialien zu Schulbüchern, die nicht immer ganz neu waren. Johannes Offinger sucht stattdessen Podcasts oder Videos aus dem Internet, die in Simple English aktuelle Themen behandeln.

3. Vielfalt und Differenzierung: Im analogen Modell hörten alle denselben Text. Im schlechtesten Fall war davon die Hälfte der Schüler unter- und die andere Hälfte überfordert. Auf den Tablets stehen unterschiedliche Hörbeispiele und Aufgaben mit verschiedenen Schwierigkeitsstufen zur Verfügung. So ist eine Differenzierung nach Vorkenntnissen möglich.

Ein weiterer Englischlehrer hat das sogar schon als interaktives E-Book umgesetzt, in dem die Schüler dann nach eigenen Interessen und Niveaus Übungen auswählen konnten. Dieses Modell der Listening Comprehension ist ein deutlicher Fortschritt in Richtung Individualisierung. Es ist „nur" eine Optimierung des traditionellen Modells. Schulleiter Bölling sieht weiteres Potenzial und schildert die Unterrichtseinheit „Pocahontas", in der die Schüler eine digitalen Comicgeschichte erstellen und vertonen. Dafür bereitet die Lehrkraft zunächst eine Sammlung von Materialien (Texte und Hörbeispiele) rund um das Thema „Pocahontas" im Web vor. Die Schüler erarbeiten sich damit in 3er-Gruppen selbständig die

Inhalte und fassen sie für sich zusammen. Daraus erstellen sie anschließend einen kleinen Comic, der die Geschichte wiedergibt. Mit der App „ComicStripMaker" geht das schnell und einfach. Und vor allem: Die Schüler vertonen den Comic, indem sie den Text dafür selbst einsprechen. Das Ergebnis sind kurze Videos, die an die Lehrkraft geschickt und im Klassenverbund gemeinsam angeschaut werden können.

Diese Form der Unterrichtsergebnisse hat mehrere Vorteile, berichtet Markus Bölling: „Die Schüler müssen zunächst englischsprachige Inhalte hören, verstehen und zusammenfassen. Sie schreiben und sprechen eigene Texte. Und sie sind stolz, wenn sie ein vorzeigbares Ergebnis haben." Und auf Lehrerseite? „Der Lehrer kann alle Ergebnisse einsammeln und bewerten. Er kann nicht nur zwei oder drei Beispiele zeigen, sondern alle Ergebnisse sichten und über den Klassenblog zur Verfügung stellen." Für die (Doppel-)Stunden, in denen dieses Projekt stattfindet, skizziert Bölling das gleiche Bild wie schon im Biologie-Unterricht: „Der Lehrer wird frei. Er kann in der Klasse herumgehen und individuell coachen – und zwar nicht nur die Schwachen, sondern auch die Schnellen, die sonst gebremst werden würden. Und nicht zuletzt: Dieses Arbeiten fördert die Selbständigkeit und die Medienkompetenz der Schüler." Auch hier gilt: Der Lehrer hat zumindest einmalig mehr Aufwand mit der Unterrichtsvorbereitung. „Und nicht nur das", sagt Bölling. „Das bringt auch höhere Ansprüche an den Lehrer mit sich als der Frontalunterricht. Es funktioniert auch nicht unbedingt beim ersten Mal. Aber wenn man die Struktur beherrscht, kann es immer wieder funktionieren. Man kann die Methode dann in verschiedenen Situationen einsetzen, zum Beispiel wenn es um das Lesen von Büchern geht. Die Schüler müssen sinnentnehmend lesen, die Ergebnisse zusammenfassen und in eigenen Worten präsentieren."

Schlechter Unterricht mit digitalen Medien

Markus Bölling ist als Schul- und Seminarleiter für die Fort- und Ausbildung von Lehrkräften zuständig. Er kommt auf 400 bis 500 Unterrichtsstunden pro Jahr, die er besucht und beobachtet. Seine Erkenntnis: „Man kann da deutliche Unterschiede sehen. Ich kann auch schlechten Unterricht mit digitalen Medien machen. Das ist dann alter Wein in neuen Schläuchen, und zwar bitterer Wein … " Dennoch sieht Bölling grundsätzlich großes Potenzial in den digitalen Medien. Er hat für die Realschule am Europakanal acht Tablet-Klassen von der 7. bis zur 10. Jahrgangsstufe eingerichtet. Die Schule folgt dem Konzept Bring Your Own Device (BYOD), so dass jeder Schüler ein persönliches Gerät hat, das er auch zu Hause nutzt. Die Schule stellt flächendeckend WLAN und Beamer.

Dabei ist das Digitale kein Selbstzweck für Markus Bölling, der sich selbst einen „Freund der Diversität" nennt. Bölling berichtet davon, dass sowohl die Schüler wie auch die Eltern häufig die Benutzung der digitalen Geräte einfordern. Nicht immer stimmt Bölling zu. „Es muss zur Didaktik und Methodik passen. Ich brauche nicht immer und zu 100 Prozent das iPad. Es bedarf immer auch Gruppenarbeiten, Vorträge, Diskussionen etc. Der häufigste Fehler beim Einsatz digitaler Medien ist, dass man eine 100-Prozent-Lösung anstrebt. Aber die Mischung macht es!"

Außerdem dürfe man nicht alle Fächer über einen Kamm scheren. „Geschichte und Erdkunde profitieren am meisten von den Medien, da beide Fächer inhaltlich authentisches multimedial angereichertes Material zur besseren Veranschaulichung als Basis brauchen", sagt Bölling. In seiner Schule sieht er derzeit außerdem die Fächer Englisch, Biologie, Physik und Mathematik vorne.

Dynamische Geometrie

Ein weiteres Beispiel für den sinnvollen Einsatz der Tablets kommt aus Markus Böllings Mathe-Unterricht. Es geht um die Mittelsenkrechte, also die Menge der Mittelpunkte aller Kreise, die durch zwei gegebene Punkte gehen. Zunächst eine eher abstrakte Sache. Bölling erklärt: „Normalerweise zeige ich als Mathelehrer vorne ein Beispiel, vielleicht auch zwei oder drei. Aber eigentlich brauche ich 30 oder 40 Beispiele, damit sich das Prinzip dahinter wirklich erschließt. Deswegen gibt es dazu viele Übungen." Wenn das klassisch im Schulheft mit Zirkel und Geodreieck passiert, braucht man schon mehrere Minuten für ein einziges Beispiel. Bölling demonstriert die Übung auf dem Tablet: „Hier kann ich mit dem Finger direkt auf dem iPad zeichnen. Ich kann Linien und Kreise verschieben oder zusammen- und auseinanderziehen. Dabei sehe ich direkt, wie sich welche Veränderung auswirkt. Ich kann in unserem Beispiel sogar beobachten, wie eine Mittelsenkrechte entsteht."

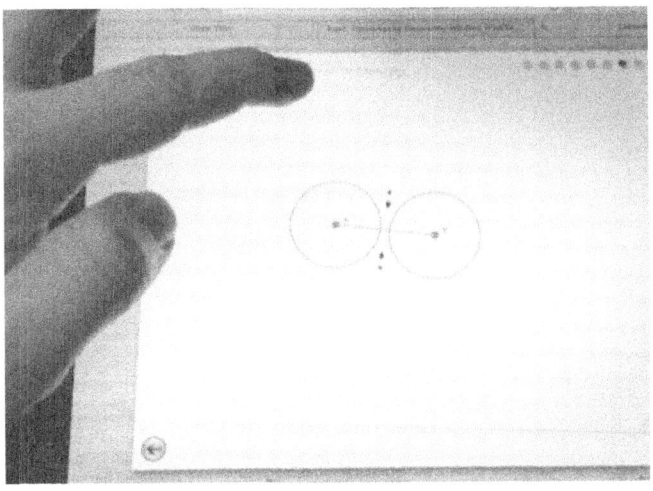

Geometrie-Übung auf dem iPad.
Foto: Markus Bölling

Die App dafür heißt sketchometry[5]. Der Fachbegriff lautet „Dynamische Geometrie" und Bölling ist davon begeistert. „Man kann sich das viel besser vorstellen,

wenn man nicht aus zwei oder drei Beispielen einen Zusammenhang ableiten muss. Konkrete Übungen und die
abstrakte Erkenntnis verschmelzen miteinander."

Neue Rollen für Lehrer und Schüler

Die Realschule am Europakanal in Erlangen ist eine ausgezeichnete Schule. 2003 und 2006 bekam sie den Bayerischen Schulinnovationspreis, 2010
als erste Regelschule aus Bayern den renommierten Deutschen Schulpreis.
950 Schüler lernen hier in 34 Klassen, davon arbeiten acht Klassen durchgängig mit Tablets. Prinzipien wie Doppelstunden, Projektunterricht,
Profilklassen und durchgängige Teamstrukturen im Kollegium sorgen
dafür, dass die Schule auch ohne digitale Medien sehr gut wäre.

Schulleiter Markus Bölling trennt die Frage nach digitalen Medien nicht von der Schulentwicklung. Wenn man mit ihm über seine
„iPad-Klassen" spricht, kommt er immer wieder auf die veränderte
Lehrerrolle zurück – und auf die neue Rolle für die Schüler. Der Lehrer müsse weg vom Frontalunterricht, weg vom Entertainer, hin zum
Lerncoach und zum Lernbegleiter. Na gut, „der klassische Frontaler"
müsse auch mal sein. Aber vor allem geht es für Bölling um mehr
Betreuung durch Lehrer, um mehr Zeit für besseres Feedback für die
Lernenden. „Theoretisch ist das auch ohne digitale Medien möglich",
glaubt Bölling. „Aber der Aufwand wäre gigantisch. Ich schätze, er
wäre um den Faktor 3 größer."

Und was ändert sich für den Schüler? „Er muss mehr arbeiten",
antwortet Bölling. Während man sich im klassischen Unterricht häufig
zurücklehnen konnte, muss der neue Schüler ständig aktiv werden. Er
eignet sich in eigenem Tempo Inhalte an, erledigt Übungen, arbeitet in
Gruppen. „Die Schüler können nicht mehr abtauchen", nennt Bölling
das. „Manchmal sagen die Schüler: ‚Das ist viel anstrengender.' Aber oft
sagen sie auch: ‚Die Zeit verfliegt.'" Dieses eigenständige Arbeiten muss
auch erst gelernt werden. „Die Schüler wurden bisher durch Frontalunterricht entmündigt. Jetzt müssen sie selbst Entscheidungen treffen. Dieses
Fördern des eigenständigen Lernens – das tun wir noch viel zu wenig."

Die Demokratisierung des Beamers

Ein Beispiel für die Art und Weise, wie sich die Lernkultur in der Realschule am Europakanal wandelt, ist die Funktionsweise des Beamers. Die
Schule hat sich für eine kabellose Lösung entschieden, bei der die Signale
über das lokale WLAN übertragen werden. Damit kann jeder – Lehrer
und Schüler gleichermaßen – Bild und Ton vom eigenen Gerät senden
und steuern. Bölling nennt das „die Demokratisierung des Beamers". Die
gemeinsame Präsentations- und Arbeitsfläche, traditionell die Domäne
der dozierenden Lehrkraft, wird jetzt von Schülern und Lehrern gleichberechtigt und interaktiv genutzt. Ein Sinnbild für den Rollenwechsel
beim Lehren und Lernen in der Realschule am Europakanal.

Eckdaten zur Person und Schule

Markus
Bölling

Fächer:

- Mathematik, Physik, Informationstechnologie

Schule:

- Realschule am Europakanal (Erlangen)

**Aufgaben
in der Schule:**

- Schulleiter
- Seminarleiter

Berufsbiographie

- **1995** Studium Mathematik/Physik für Lehramt an Realschule an der Universität Erlangen Nürnberg
- **1996** Referendariat an der Realschule in Hof
- **1998** Lehrer an der staatlichen Realschule in Oberasbach/Zirndorf
- **1998** Versetzung an die Realschule am Europakanal in Erlangen
- **1999** Dozent für Informatik an der Universität Erlangen-Nürnberg (FAU)
- **1999** Mitglied des Bayerischen Realschulnetzes
- **2000** Mitglied in der Projektleitung und Technischer Leiter des Bayerischen Realschulnetzes
- **2003** Beratungsrektor für Systembetreuung
- **2006** 1. Konrektor Realschule am Europakanal
- **2011** Mitglied im Innovationszirkel Schule2015+ der Stadt Erlangen für IT
- **2012** Schulleiter und Seminarleiter der Realschule am Europakanal

Links

Homepage der Schule: **https://www.real-euro.de**

EDU-Blog der Schule: **http://edu.real-euro.de**

Markus Bölling auf Twitter: **https://twitter.com/mboelling**

02
von
10

EINE VERBINDUNG
IN DIE WELT

DIGITALE MEDIEN
IM UNTERRICHT VON CHRISTIANE SCHICKE

In der Kiebitzklasse

Wenn man die Kiebitzklasse in der Inselschule Langeoog besucht, dann kann es sein, dass die Drittklässler gerade höchst unterschiedliche Dinge machen. Sie arbeiten an ihrem Wochenplan, für die Lehrerin Christiane Schicke ihnen verschiedene Aufgaben gegeben hat. Schicke setzt analoge Lernbausteine gleichberechtigt zu Übungsprogrammen im Web, als Apps oder auf CD-ROM ein. Manche Kinder vertiefen ihr Zahlenverständnis mit der Mumin-Mathe-App, andere üben Rechtschreibung mit den Deutschpiraten. Dabei setzt Schicke Schüler als Multiplikatoren ein: „Wenn einzelne Kinder bestimmte Programme beherrschen, dann kann man andere Kinder dazu setzen, die sich das abgucken oder erklären lassen."

Am interaktiven Whiteboard hüpfen Schüler bei einer Matheübung von Lösung zu Lösung. „Das ist ein guter Lernort für Kinder, die gerade mal viel Platz brauchen", sagt Schicke. Manche Schüler üben mit der Grundschrift-App noch Buchstaben, derweil erstellen zwei Schüler ein Quiz zu einem Buch, das sie gelesen haben. Andere sind in der Schule unterwegs und machen Fotos von bestimmten geometrischen Formen.

Individualisierung auf der Insel

Wenn eine Schule 120 Schülerinnen und Schüler zwischen der 1. und der 10. Klasse hat, liegt die durchschnittliche Klassengröße zwischen zehn und fünfzehn Schülern. Dies bietet gute Möglichkeiten, binnendifferenziert nach Schulformen und individuellen Stärken und Schwächen zu unterrichten.

Der Grundschulbereich auf Langeoog hat 48 Schüler. 15 davon sind in der Kiebitzklasse, die Christiane Schicke vor drei Jahren zum Schulstart begrüßt hat. Nach der Grundschule geht es im Klassenverband gemeinsam mit allen Schülern weiter, die andernorts auf Gymnasium, Haupt-, Real- und Förderschule aufgeteilt werden würden. Wer Abitur machen will, wechselt spätestens nach der 10. Klasse ins Internat aufs Festland. Eine andere Möglichkeit gibt es nicht, wenn man auf Langeoog lebt.

Kooperation zwischen Langeoog und Amerika

Neben der Individualisierung gibt es eine weitere große Chance des digitalen Wandels, die in der Inselschule bei Christiane Schicke besonders deutlich sichtbar wird: „Wir können uns global vernetzen. Wir können in die weite Welt blicken und die Welt zu den Kindern holen. Das ist gerade für uns hier auf der Insel wichtig, wo nach 1.700 Bewohnern erst einmal eine ganze Weile nichts kommt."

Schicke arbeitet deswegen in zahlreichen Kooperationsprojekten mit anderen Schulen und weiteren Partnern. „Ich will den Schülern zeigen, dass sie alles nutzen können, was es gibt. Ich will stärker ins Bewusstsein bringen, dass die digitalen Medien nicht nur ein Werkzeug sind, sondern Möglichkeiten zur kollaborativen Zusammenarbeit eröffnen."

Mit einer Schule in der Schweiz haben Schüler zusammen Musik gemacht. Mit Klassen in den USA hat man gemeinsam Wikis erstellt. Mit anderen Klassen, z.B. in Bolivien, gab es Video- und Blogprojekte. Einmal hat die Klasse via Twitter einen Schäfer interviewt, der in Baden-Württemberg 1000 Schafe hütet. Und manchmal treffen die Schüler via Skype auf eine Klasse, deren Standort ein Geheimnis ist.

Im Projekt „Mystery-Skype[6]" verbinden sich zwei Klassen über Videokonferenz, die zunächst gar nicht wissen, wo die andere Klasse sich befindet. Durch Fragen muss jede Seite herausfinden, wo die Schüler auf der anderen Seite sitzen. Sprachenlernen, Geographie, Geschichte und andere Fächer können eine Rolle spielen. Nebenbei lernen die Schüler viel über ihre eigene Heimat, die sie mit Antworten oder Tipps präsentieren müssen. Wenn zwei Schulen in deutlich verschiedenen Zeitzonen liegen, können die Videonachrichten auch als Aufzeichnung verschickt werden.

Schwierigkeiten beim Finden von Kooperationspartnern hatte Christiane Schicke nie. „Man ist ein gefragter Partner im Ausland, weil es in Deutschland noch wenige Lehrer gibt, die so etwas machen."

E-Learning auf den Inseln

Auch auf regionaler Ebene ist Langeoog digital vernetzt. Das Land Niedersachsen startete 2012 die „School of Distance Learning Niedersachsen" (SDLN[7]), die erste „virtuelle Schule Niedersachsens". Die Website formuliert noch etwas umständlich: „Dieses bundesweit einmalige Projekt bietet die Möglichkeit, Unterricht mit einem Videokonferenzsystem dezentral stattfinden zu lassen." Tatsächlich verbirgt sich dahinter eine Revolution im deutschen Schulwesen. E-Learning im Sinne von räumlich verteiltem Lernen ist bisher an deutschen Schulen nicht vorgesehen.

Wenn auf einer Insel ein Fachlehrer fehlt, setzt sich ein Lehrer im Internat in Esens für den Unterricht vor die Webcam. Seine Klasse setzt sich dann unter Umständen aus Schülern vor Webcams auf den verschiedenen Inseln zusammen. Auch die Inselschulen können Videokonferenzen untereinander und mit dem Festland initiieren. Für die Elternarbeit des Gymnasiums setzt man ebenso auf Videokonferenzen, berichtet Christiane Schicke. „Zum Elternabend konnten bisher nur die Eltern kommen, die ein Boot hatten."

„Der Flache Franz" reist um die Welt

Ein anderes Beispiel für die Vernetzung der Kiebitzklasse in die große weite Welt ist die konsequente Fortsetzung eines Brief-Projektes. Aus dem internationalen Projekt „Flat Stanley" (auf Deutsch: der Flache Franz) hat Christiane Schicke ein multimediales Wiki-Projekt gemacht. Flat Stanley entstammt ursprünglich einem Kinderbuch von 1964, in dem ein Junge namens Stanley Lambchop durch einen Unfall ganz flach gepresst wird. Dank seiner neuen Eigenschaft kann er die Welt bereisen, indem er zusammengefaltet in einem Briefumschlag verschickt wird. 1995 machte ein kanadischer Lehrer daraus das „Flat Stanley Project[8]": Zwei (oder mehr) Schulklassen an verschiedenen Orten finden sich über eine Website zusammen. Eine Klasse bastelt papierene Flat Stanleys und schreibt ein kleines Tagebuch von Stanleys Aktivitäten an ihrem Heimatort, Fotos inklusive. Stanley und das Tagebuch werden dann per Post (oder E-Mail) zur Partnerklasse geschickt, die das Tagebuch liest, mit neuen Erlebnissen ergänzt und zurückschickt.

Christiane Schicke hat an ihrer Schule bereits mehrere Weltreisen mit Flat Stanleydurchgeführt, so dass die Schüler auf Langeoog Freundschaften nach Oregon und Florida geschlossen haben. Schicke hat die Idee der

Brieffreundschaft ausgebaut und in einem Wiki[9] zwischen den Partnerklassen fortgesetzt. Die Schüler schreiben hier Texte in Deutsch und Englisch, teilen Fotos von Stanleys Abenteuern, nehmen Lieder und Videos auf, zeichnen virtuelle Reisen auf Google Earth und vieles andere mehr. Für Schicke ist klar: „Immer steht eine authentische Frage im Vordergrund: ‚Was wollen wir der Klasse am anderen Ende der Welt zeigen?' Dadurch entsteht große Ernsthaftigkeit in der Erarbeitung von Inhalten und hohe Motivation. Wir können damit buchstäblich die Welt auf unsere Insel und in unsere Klasse holen."

Von der Bauingenieurin zur Lehrerin

Christiane Schicke ist seit 2008 Lehrerin auf Langeoog. Sie war 43 Jahre alt, als sie hier ihre erste Stelle als Lehrerin angetreten hat. Zunächst war sie auf dem Weg zur Bauingenieurin unterwegs. In der Familienzeit näherte sie sich über die Elternrolle der Schule und den digitalen Medien. „Ich habe 1998 HTML gelernt, um die Homepage für die Schule meiner Kinder zu gestalten. Dann habe ich die Computer-AG in der Schule geleitet, dann auch Lernsoftware installiert, dann irgendwann auch die Hardware übernommen."

Während des Studiums zum Ende der Familienzeit kamen dann die pädagogischen Grundlagen dazu: Maria Montessori, Peter Petersen, Anton Makarenko, Lew Tolstoi, Falko Peschel. Die digitalen Kompetenzen eignete sich Schicke selbst an. „Ich habe ganz viel mit den Kindern mitgelernt, vor allem als mein Sohn in der 8. und 9. Klasse immer am Computer saß." Ihre Fortbildungsangebote hat Christiane Schicke im Netz gefunden: internationale Communities, das deutschsprachige ZUM.de, ihr Blog moewenleak.wordpress.com[10] und Twitter sind Orte, an denen Schicke Gleichgesinnte und Anregungen findet.

Inzwischen interessieren sich auch ihre Kolleginnen auf der Insel immer mehr für digitale Medien und fragen bei Christiane Schicke nach. „Ich bin die 24/7-Hotline für alles. Die melden sich auch mal am Wochenende, weil der Drucker nicht funktioniert." Auch die Schulleitung steht hinter Schicke. „Das ist ganz klar. Wir sehen jeden Tag, dass hier auf der Insel nichts mehr ohne Internet funktioniert. Deswegen wollen wir auch in der Schulentwicklung in diese Richtung gehen."

Um die Unterrichtsideen umsetzen zu können, reicht ein Computer mit Internetanschluss aus. So hat die Inselschule vor einigen Jahren angefangen. Dadurch, dass die Schule von einem aktiven Förderverein unterstützt wird, der von vielen Langeoogern mitgetragen wird, verfügt die Inselschule inzwischen in Zusammenarbeit mit dem Schulträger über eine solide Grundausstattung. Zurzeit sind die Hälfte der Klassenräume mit einem Interaktiven Whiteboard ausgestattet, alle Klassenräume besitzen Internetzugang.

Globales Eckenrechnen

Ein weiteres Beispiel dafür, wie Christiane Schicke mit dem Internet die Insel Langeoog und den Rest der Welt zusammenbringt, ist der World Maths Day. Schicke nennt es „globales Eckenrechnen, aber ohne Ausscheiden". Weltweit nehmen Millionen (!) Schüler an diesem Wettbewerb teil, bei dem es darum geht, in vorgegebener Zeit möglichst viele Matheaufgaben richtig zu bearbeiten.

Schon drei Wochen vorher beginnt die Trainingsphase. Jeder Schüler bekommt einen individuellen Zugang zur Plattform im Web, kann seinen Namen eingeben, einen Avatar und seine Landesflagge auswählen. „Viele trainieren dann auch von zu Hause, ganz freiwillig", berichtet Schicke. „Manch einer kommt da auf 4.000 Aufgaben, die er in einer Woche erledigt." Am Wettbewerbstag selbst sitzen dann alle Schüler im Computerraum vor den Aufgaben. Die Plattform macht zunächst einen Eingangstest und sortiert nach Alter, Klassenstufe und Vorwissen. So wird gewährleistet, dass jeder Schüler ungefähr gleichstarke Gegner zugeteilt bekommt. „Das ist sehr motivierend, auch für die schwachen Kinder. Jeder hat Erfolgserlebnisse."

Für Deutsch und Naturwissenschaften gibt es inzwischen ähnliche Wettbewerbe. Christiane Schicke nimmt mir ihrer Klasse auch an der jährlichen „Computer Science Education Week" teil. An der darin stattfindenden „Stunde des Programmierens" (Hour of Code) nahmen nach Veranstalterangaben zuletzt weltweit 20 Millionen Menschen teil.

Inklusion und Nachteilsausgleich

Schaut man sich in der Kiebitzklasse die Freiarbeit oder die Arbeit am Wochenplan an, so werden auch die Potentiale der digitalen Medien für die inklusive Schule deutlich. Angesichts der individuellen Aufgaben beim Üben ist Christiane Schicke überzeugt: „Digitale Medien können einen Nachteilsausgleich bringen, vor allem bei Behinderungen. Aber es profitieren alle durch die Individualisierung – auch diejenigen, die schneller sind und schon mal vorlaufen können."

Es sind schon kleine Schritte, die große Erleichterungen bringen: „Wenn ich ein Kind mit feinmotorischen Schwächen einen Text mit der Tastatur anstatt mit dem Stift schreiben lasse, dann kann es um den Inhalt gehen, für den Schüler und für mich. Da entstehen dann plötzlich viel längere und bessere Texte, weil der individuelle Nachteil durch Technik ausgeglichen wird."

Der geduldige Computer

Auch jenseits der besonders markanten Beispiele schätzt Christiane Schicke die Vorteile von Lernprogrammen, Apps und Online-Übungen für das individuelle Lernen. „Eine stärkere Differenzierung wird schon dadurch möglich, dass die digitalen Medien der Lehrkraft Arbeit abnehmen. Programme geben sofort Rückmeldung, sind geduldig und nehmen nichts persönlich. Mit ihnen kann man auch keine Machtspielchen treiben oder verhandeln nach dem Motto: ‚Wenn ich mich dumm genug anstelle, erlässt du mir einen Teil der Aufgaben?' Programme stellen sachlich ihre Aufgaben und warten."

Große Probleme mit dem Ablenkungspotential digitaler Medien hat Schicke nicht. Das liegt zumindest teilweise daran, dass die Geräte in ihrem Klassenzimmer gar keine großen Alternativen bieten. „Ein PC oder ein Tablet ohne Internet und mit ausgesuchten Anwendungen bietet keine Möglichkeit zu entkommen. Selbst wenn das Kind ein anderes als das vorgesehene Programm wählt, bleibt es auf Lernprogramme beschränkt." In dieser Konstellation sieht Schicke die digitalen Medien sogar im Vorteil: „Die Programme an sich bieten relativ wenig Möglichkeiten, etwas Anderes mit ihnen zu machen als vorgesehen. Wenn ich Kinder mit inaktivem Material alleine lasse, werden die Rechenstäbe durchaus zu Bauklötzen. Und durch die Glassteine kann man wunderschön die Gegend in bunt betrachten."

Diagnostik und adaptives Lernen

Eine große Versprechung der digitalen Lernsoftware lautet: Adaptive Learning. Dahinter steht die Idee, dass die Programme aus den Fehlern ihrer Benutzer „lernen", welche Unterstützung sie jedem Lernenden individuell anbieten müssen. Christiane Schicke ist skeptisch: „Standardisierte Tests wie die Hamburger Schreibprobe zeigen regelmäßig, dass es immer wieder neue Fehler gibt." Nicht nur das Lernen, sondern auch das Fehler-Machen wäre demnach höchst individuell.

„Die Diagnostik-Fähigkeit des Lehrers ist durch den Algorithmus nicht zu ersetzen", sagt Schicke voraus. „Das Auge des Lehrers bleibt überlegen. Gerade bei Inklusion kann kein Programm die möglichen Probleme abdecken." Das automatische Feedback ist für Schicke dennoch eine deutliche Erleichterung. Denn in 90 Prozent der Fälle handelt es sich um einige wenige, einander ähnliche Probleme. In den anderen 10 Prozent sind es sehr individuelle Probleme, bei denen Standard-

Unterstützungen nicht weiterhelfen, sondern persönliche, individuelle Rückmeldungen benötigt werden. Und dafür braucht es wieder eine persönliche, individuelle Diagnose.

Videoanalyse

Zur Diagnose lässt sich Schicke statt durch Adaptive Learning von einer deutlich einfacheren Technik unterstützen: ihre Handykamera. „Wenn es zeitlich geht, werte ich zuerst die Arbeitsergebnisse aus und schaue dann dem Kind beim Arbeiten zu, um herauszufinden, wie es besser unterstützt werden kann." Wenn die Zeit im Unterricht dafür nicht reicht, stellt sie ihr Handykamera neben das Kind und wertet das Video nach dem Unterricht in Ruhe aus. „So kann ich sehr genau hinschauen, welches Kind was macht und braucht." Auch sonst nutzt Schicke häufig Film- oder Tonaufnahmen zur Unterrichtsdokumentation und -auswertung. „Vereinzelt habe ich mich bei problematischem Verhalten auch schon mit dem Kind und / oder mit einer zweiten Lehrkraft hingesetzt und Videoausschnitte angeschaut und analysiert."

Wikis

Für Christiane Schicke ist es selbstverständlich, dass große Teile ihrer Arbeit öffentlich einsehbar sind. In Form von Wikis dokumentiert sie zum Beispiel ihren Unterricht und Projektwochen auf inselschule.wikispaces.com[11] und die Arbeit mit der Kiebitzklasse auf kiebitzklasse.wikispaces.com[12]. Auf den Seiten der Wikis finden sich zum Beispiel Links zu Unterrichtsmaterialien, Spiele, Elterninfos, Hausaufgaben und die Dokumentation zahlreicher Projekte. Eigene Inhalte veröffentlicht Christiane Schicke dort unter freier Lizenz, so dass andere sie weiter nutzen können. Getreu ihrem Credo: „Die digitalen Medien machen das Lernen offener."

Eckdaten zur Person und Schule

Christiane
Schicke

Fächer:

- Mathematik, Musik, Sachunterricht,
- fachfremd: Informatik

Schule:

- Inselschule Langeoog
- Schulform: Grund-/Haupt-/Real- und Förderschule
- ca. 120 Schülerinnen und Schüler
- Gymnasial empfohlene Schüler verbleiben im Realschulzweig der Schule möglichst bis einschl. Klasse 10
- Klassen jahrgangsgebunden, also bis zu 3 Schulformen in einer Klasse, einzügig
- Mitglied der School of Distance Learning Niedersachsen

Aufgaben in der Schule:

- Fachleiterin Musik
- Fachleiterin Informatik
- Beauftragte für neue Medien
- Homepagebetreuung
- Mitglied der IServ-Admin-Gruppe
- Leitung des Grundschulchores
- Klassenleitung

Berufsbiographie

- **1982** Studium des Bauingenieurwesens (Küstenwasserbau, Hydrologie, Siedlungswasserwirtschaft) TU Braunschweig
- **1984 – 1986** stud. Hilfskraft am Institut für Vermessungskunde TU Braunschweig
- **1987 – 2002** Familienzeit
- **2002 – 2007** Studium Lehramt GHR (Mathematik, Musik, Sachunterricht) TU Braunschweig
- **2007** 1. Staatsexamen „Portfolio als Möglichkeit zur Leistungsbewertung im Sachunterricht"
- **2008** wiss. Hilfskraft mit Examen am Institut für Erziehungswissenschaften TU Braunschweig, Projekt GASS
- **2008** 2. Staatsexamen „Systematischer Erwerb von Strategien zur Bewältigung mathematischer Problemlöseaufgaben im Unterricht einer dritten Grundschulklasse"
- **seit 2008** Lehrerin Grund-/Haupt-/Realschule an der Inselschule Langeoog
- **2012** Zusatzqualifikation „Didaktik der Informatik"
- **seit 2013** Lehraufträge zum Thema "Digitale Medien im Grundschulunterricht" an der Pädagogischen Hochschule Freiburg in Zusammenarbeit mit Prof. Dr. Wolfram Rollett

Links

Homepage der Schule: **http://www.inselschule-langeoog.de**
Fach-Wiki: **http://inselschule.wikispaces.com** (und deren Ableger) †
Klassen-Wiki: **http://kiebitzklasse.wikispaces.com** †
Blog: **http://moewenleak.wordpress.com** †
Twitter persönlich: **@frandevol**
Twitter klasse: **@kiebitze**
School of Distance Learning des Landes Niedersachsen: **http://www.sdln.de**

43

03 von 10

PERSONALISIERTES LERNEN IN BLOG-PROJEKTEN

DIGITALE MEDIEN IM UNTERRICHT VON LISA ROSA

Projekttag 1: Die eigene Frage finden in der KZ-Gedenkstätte

Das große Blogprojekt in der Projektwoche der Hamburger Zwölftklässler beginnt offline, an einem physischen Ort: der KZ-Gedenkstätte Neuengamme. Ein Guide der Gedenkstätte hält keinen langen Vortrag, sondern übernimmt eine besondere Rolle. Sie hilft bei der Orientierung: „Wo sind wir? Was gibt es hier? Was findet man wo in der Gedenkstätte?" und begleitet danach die Schüler als „Guide by the side", indem sie sich auf Anfrage zur Beratung zu Verfügung hält. Denn die Schüler erkunden das Gelände selbständig nach eigenen Interessen. In kleinen Gruppen ziehen sie los und haben als Arbeitsauftrag nur: „Fotografiert alles, was Euch besonders anspricht, ob positiv oder negativ."

„Stimulated Recall" nennt sich diese Methode, die zwei Stunden später in die nächste Phase geht: Die Schüler kommen im Plenum wieder zusammen. Jeder muss sich für ein Foto entscheiden, das er am Beamer zeigt und zu dem er erklärt, was ihn daran berührt, aufgeregt, geärgert oder irritiert hat. Das Foto stimuliert dabei alle seine Gedanken, die er dazu hatte und die Gespräche,

45

die die kleine Gruppe an diesem Ort vielleicht darüber geführt hat. Lisa Rosa moderiert den Lernprozess. „Jeder Schüler bzw. jede Kleingruppe ein Foto – das dauert natürlich. Aber es ist wahnsinnig produktiv! Hier wird die Grundlage für das Lernen mit dem Blogprojekt entwickelt: die eigene Fragestellung." Denn die Schüler werden mit anderen Perspektiven konfrontiert: Sie erfahren andere Sichtweisen zu ihren eigenen Gedanken und haben die Möglichkeit, sie in Frage zu stellen, zu differenzieren oder zu korrigieren.

Die Moderatorin sammelt und visualisiert die Kernpunkte der Fragen und Statements. Für jeden Schüler schreibt sie eine Moderationskarte und sortiert sie: Handelt es sich um eine Frage zum Gegenstand erster Ordnung, also dem Konzentrationslager und den Ereignissen in der NS-Zeit? Oder ist es eine Frage zum Gegenstand zweiter Ordnung, also zur Nachgeschichte, zur Geschichte der Gedenkstätte oder zur Erinnerungspolitik? Das wichtigste dabei ist, dass die Fragen echte eigene Fragen sind, die aus der Beziehung der eigenen Person zum Gegenstand entstehen und nicht – wie so oft in Schule – einem vermeintlich sachlogischen Fragenkatalog entstammen nach dem Muster „Was könnte oder müsste man hieran eigentlich lernen?" Stattdessen steht „Was will ich hier lernen?" im Zentrum.

Die Schüler werden beim Ausformulieren ihrer persönlichen Fragen und dem daraus folgenden Arbeitsvorhaben individuell beraten. Danach stellen sie ihre Fragen und Arbeitsvorhaben im Plenum vor. Dabei besteht bei großen Gruppen die Möglichkeit, ähnliche Fragen in einer gemeinsamen Formulierung zusammenzufassen und Tandems oder kleine Teams zu bilden, die sich gemeinsam der Bearbeitung widmen. Damit ist die Grundlage gelegt. Für die nächsten beiden Tage der Projektwoche wird jeder Schüler bzw. jedes Tandem oder Team an seiner eigenen Fragestellung zum Thema arbeiten. Dabei wird ein gemeinsames Blog entstehen, in dem Schüler Antworten auf ihre Fragen präsentieren, die auch von Menschen außerhalb der Schule gelesen und kommentiert werden können.

In den letzten beiden Tagen arbeiten die Schüler als Gesamtgruppe daran, ihre Erfahrungen zum Lerngegenstand und zur Arbeit mit dieser Methode auszutauschen und eine geeignete Präsentation in der Schule zu entwerfen und auszuarbeiten. Am Ende der Projektwoche werden die Schüler im Feedback sagen: „Das Beste war, dass wir an unseren eigenen Fragen gearbeitet haben. Das Zweitbeste war, dass wir ‚in echt' geschrieben haben, in einem öffentlichen Blog, den ‚echte' Leute gelesen und kommentiert haben."

Zusammenarbeit von Lehrenden

Das Projekt des Geschichtskurses im Emilie-Wüstenfeld-Gymnasium ist bereits auf der Ebene der Lehrenden auf Kollaboration ausgelegt. Wochen vor dem Start haben sich die Geschichtslehrer Boris Steinegger und Stefanie Voigtsberger, die Guide Rosa Fava vom Museumsdienst sowie Lehrerin und Fortbildnerin Lisa Rosa zusammengesetzt, um das Projekt zu planen. Ziemlich schnell war man sich über die Eckpunkte klar. „Es braucht dann noch eine geschickte Organisation für die Prozess-Struktur", sagt Lisa Rosa.

Lisa Rosa war 20 Jahre lang Lehrerin für Musik, Politik und Geschichte, zunächst an einer Gesamtschule in Westberlin, dann an einem Hamburger Gymnasium. Seit 2005 arbeitet sie am Hamburger Landesinstitut für Lehrerbildung und Schulentwicklung. Ihre Themen: Demokratielernen, Projektlernen, Lernen in der Wissensgesellschaft, Lernen 2.0. „Das gehört für mich alles sachlich zusammen!", sagt sie. „Und wenn es auch in der Lernprozess-Gestaltung zusammenkommt, ist es für mich der Königsweg." Regelmäßig entwickelt und erprobt sie ambitionierte Konzepte mit Lehrern an Hamburger Schulen. Ihr Blog „shift. Weblog zu Schule und Gesellschaft" (shiftingschool.wordpress.com[13]) und umfangreiche Aktivitäten via Social Media bescheren Lisa Rosa immer wieder Einladungen für Vorträge und Interviews.

Projekttag 2: Ein gemeinsames Arbeitsvorhaben entwerfen

Der zweite Tag der Projektwoche beginnt mit Tipps der Expertin. Die Gedenkstätten-Guide gibt einen Überblick: Wo finde ich geeignete Materialien zu meiner Frage? Worauf sollte ich bei der Recherche achten?

Dann bilden die Schüler Tandems, die gemeinsam arbeiten. In Ausnahmefällen können sie sich auch zu dritt oder viert zusammentun. Dafür muss die eigene Frage mit den persönlichen Fragen anderer zusammengebracht werden. Für Lisa Rosa ist das eine methodische Herausforderung. „Manche Schüler wollen lieber mit bestimmten anderen Schülern zusammenarbeiten. Das ist bei Erwachsenen ja auch nicht anders. Da muss der Lehrer gut beraten, damit die persönliche Frage nicht zugunsten einer gewünschten Zusammenarbeit untergeht."

Die Schüler arbeiten immer noch an der Gedenkstätte – jetzt in den Ausstellungen und Archiven. Da das Blog nur zur Kommunikation der fertigen Arbeitsprodukte dient, spielt es auch am zweiten Tag noch keine Rolle.

Digital bedeutet nicht automatisch motiviert

Lisa Rosa hält es für einen Irrglauben, dass Schüler alleine dadurch zu begeistern sind, dass sie irgendein Projekt mit digitalen Medien machen können. „Sie hatten das Projekt nicht frei gewählt. Sie wussten, dass sie viel schreiben müssen – das war auch für die Abiturvorbereitung wichtig. In der Vorbesprechung kam da keine Begeisterung auf. Aber das Feedback am Ende war ganz klar. Die Schüler sagten: ‚Am Anfang hatten wir keine Lust drauf. Aber dann wurde es sehr spannend und produktiv!‘“

Projekttag 3: „Das ist Euer Blog“

Am dritten Tag ist es so weit. Lisa Rosa steht neben der Leinwand und zeigt: „Das ist Euer Blog!“ Für die Einführung in das Blog wird die Klasse in zwei Gruppen aufgeteilt. Eine Hälfte bekommt vormittags die Einführung, die andere arbeitet weiter an ihren Arbeitsvorhaben. Am Nachmittag geht es entsprechend umgekehrt weiter. Für Lisa Rosa ist klar: „Du musst etwas vorbereiten, ein echtes Blog, nicht nur eine leere Standardvorlage. Dann gibt es Begeisterung. Du musst den Schülern sagen: ‚Ihr könnt hier im Blog alles verändern!‘ Sofort gibt es die ersten Verhandlungen untereinander. Als erstes: ‚Wir wollen das Headerbild verändern.‘ Schüler haben eines ihrer eigenen Fotos in den Kopf der Website hochgeladen.“

Die Schüler erproben erste Artikel im Blog, meist kürzere Texte. In dieser Phase beobachtet Lisa Rosa immer wieder Aha-Momente. „Den Schülern wird schnell klar: ‚Das kann jetzt jeder lesen!‘ Dann wollen sie ihre Inhalte überarbeiten und verbessern.“

Das Ganze funktioniert, weil tatsächlich Menschen „aus der echten Welt“ das Blog besuchen und kommentieren. Lisa Rosa hat das Interesse über ihr persönliches Netzwerk auf Twitter und ihren eigenen Blog organisiert. Und so stehen plötzlich Kommentare mit Fragen und Tipps unter den Artikeln der Zwölftklässler. „Da waren die Schüler platt. Es hat sie so motiviert, dass manche sogar noch nachts gearbeitet haben. Wichtig war, dass alle Schüler als Administratoren ins Blog eingepflegt wurden. Das bedeutet, jeder hatte alle Rechte, alles im Blog zu verändern. Bei dieser Gruppe führte das zu einem besonders hohen Verantwortungsbewusstsein und zu einer besonders intensiven Kollaboration."

Projekttag 4: Bloggen

Die Arbeit an den eigenen Texten geht am nächsten Tag weiter. Der Lehrer beantwortet Fragen, berät und unterstützt bei allen Arbeiten. Es werden kurze Rücksprachen mit der Guide der KZ-Gedenkstätte gehalten. Dabei wird auch geklärt, dass Fotos aus der Gedenkstätte im Blog veröffentlicht werden können.

Die Schüler schreiben ihre Artikel in einer Textverarbeitung und lesen sie zunächst gegenseitig Korrektur. Dann veröffentlichen sie ihre Texte nach und nach im Blog und kommentieren sich zunächst gegenseitig. Der Computerraum wird zur Blogwerkstatt.

Der Lehrer als Beobachter und Coach

Was macht eine Lehrerin eigentlich, wenn 26 Schüler den ganzen Schultag über selbstständig arbeiten? Lisa Rosa sagt: „Wenn ich Menschen erlaube, individuell zu lernen, sind sie in der nächsten Minute schon auseinander und brauchen einzelnes oder Team-Coaching. Die gute Botschaft ist: Die machen alleine schon ganz viel richtig. Da habe ich die Zeit und kann herumgehen und gucken, wer was braucht. Ich notiere mir, was ich fürs nächste Zusammentreffen für wen mitbringen muss." Derweil ist für Lisa Rosa hoch individuelle Beratung vor Ort angesagt.

„Der eine braucht nur eine Ermunterung, auch mal einen langen Text zu lesen. Eine Gruppe kämpft noch damit, ihre Fragestellung in eine bearbeitbare Form zu bringen. Oder ich merke, dass noch für viele wichtige Grundlagen fehlen, die ich in der nächsten Plenumszeit nachliefern muss. Die Sache kann so dringlich sein, dass gleich jetzt eine Ansage für alle zwischengeschaltet werden muss. Man muss dafür sehr wach sein, denn vieles ist nicht planbar! Wenn die Schüler selbstständig und an individuellen Fragen arbeiten, heißt das nicht, dass man sich zurücklehnen oder verdrücken kann."

Projekttag 5: Das Projekt geht offline on-line

Am letzten Tag der Projektwoche macht sich die Klasse Gedanken über die Präsentation des Projektes für den Tag der offenen Tür der Schule. Lisa Rosa: „Die erste Idee ging in die Richtung, Monitore im Schulgebäude aufzustellen. Das wurde verworfen, denn dort könnte man sich die Blog-Texte nicht in Ruhe anschauen. Also mussten die Schüler andere Formen finden."

Blogprojekt Offline
(Bild steht nicht unter einer freien Lizenz)

Artikelkette für das Blogprojekt
(Bild steht nicht unter freier Lizenz)

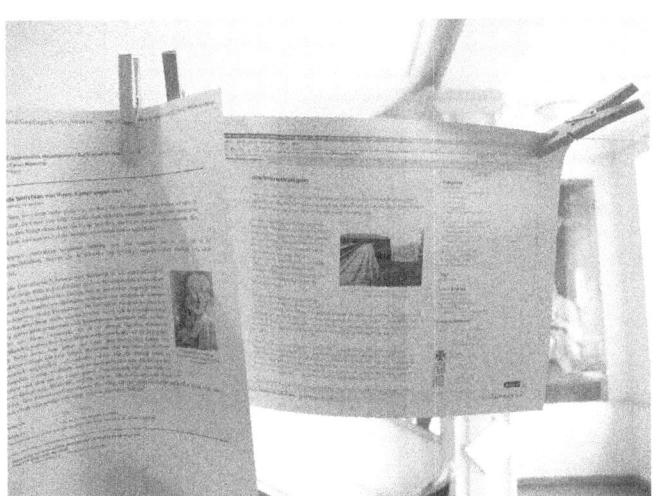

Artikel des Blogs in Papierform
(Bild steht nicht unter freier Lizenz)

Die Kunstlehrerin kommt mit eigenen Vorschlägen dazu. Die Schüler wollen die Adresse des Blogs bekannt machen, also wird die Adresse als riesige Buchstaben aus Styropor ausgeschnitten und im Foyer der Schule von der Decke gehängt. Außerdem setzen die Schüler ihr Online-Projekt ins Physische um. Die Artikel werden einzeln ausgedruckt und auf eine großen Leine („on line") im Treppenhaus aufgehängt, so dass auch Offliner sie sehen können.

Lisa Rosa ist begeistert, wenn sie von der Motivation der Schüler berichtet. „Einige Gruppen erarbeiteten

Mit Engagement arbeiten für das Blogprojekt
(Bild steht nicht unter freier Lizenz)

Artikel des Blogs in Papierform
(Bild steht nicht unter freier Lizenz)

53

> Plakate, die in der Ausstellung im Schulgebäude in die einzelnen Themen einführten. Für einige war die Statistik, welche Artikel wie oft aufgerufen wurden, ein großer Anreiz, so dass sie sich bemühten, durch weitere Posts und Verbesserungen der Texte noch höhere Klickzahlen zu bekommen. Eine Schülerin, die gerade zum Austausch in Texas gewesen war, wollte das Blog unbedingt ihren Freunden in Texas vorführen. Also hat sie einen einführenden Text in Englisch verfasst. Alle haben dabei ihr Lernen vertieft, weil sie den Inhalt noch einmal in eine neue Form bringen mussten, die sich an konkrete Adressaten richtete."
>
> Am Abend nach dem Tag der offenen Tür gibt es dann einen großen Ansturm auf die Website. Und natürlich neue Artikel im Blog, in denen Fotos von den Aktionen in der Schule veröffentlicht werden.

Personalisierung statt Individualisierung

Für Lisa Rosa wird der Begriff der Individualisierung für das Lernen häufig falsch interpretiert. „Der Begriff der Individualisierung ist oft nicht durchdacht. Man geht davon aus, dass das Lernziel festgelegt ist und der Weg dorthin individuell beschritten wird. Die Schüler werden häufig auf dem Lernweg alleine gelassen. Dabei brauchen die Lernenden doch gerade bei den Wegen Unterstützung. Genau das sollte doch unsere Expertise als Lehrer sein!"

Lisa Rosa bevorzugt den Leitbegriff des personalisierten Lernens. „Personalisierung heißt nicht, dass ich mir Fragen aus dem Katalog des Lehrers aussuche. Personalisiertes Lernen heißt, dass ich an Fragen arbeite, die tief im Inneren für mich Bedeutung haben. Das bedeutet zwangsläufig, dass das Ergebnis des Lernens nicht vorher festgelegt ist. Die Lernenden müssen IHRE Lösung finden auf Fragen, die für sie Bedeutung haben. Die komplizierten Wege dorthin, die Arbeitsmethoden, die Auf- und Abs in Motivation und Zuversicht, die muss der Lehrer professionell anregen und fördernd begleiten."

Personalisiertes Lernen bedeutet für Lisa Rosa nicht Vereinzelung. Die Schüler arbeiten individuell, in Tandems oder in kleinen Gruppen. Jeder Lernende muss zu den Fragen arbeiten, die ihn persönlich interessieren, wobei es stets einen großen komplexen Gegenstand als verbindendes Dach gibt. „Nur so lässt sich immer wieder die Gemeinsamkeit herstellen, auf die man im Plenum eingehen kann. Nur so funktioniert es, dass Lernende sich etwas zu sagen haben und ihre eigenen Perspektiven mit den Perspektiven der Anderen konfrontieren können. Auch das braucht es ja für das Lernen. Ohne Dialog geht es überhaupt nicht. Diese Konfrontation muss der Lehrer organisieren."

Projekt „Migration und Integration"

Lisa Rosa hat große Blogprojekte auch mit anderen Schulen erprobt. „Es braucht nicht immer eine Projektwoche. Und es muss auch nicht eine Schülergruppe in einem Gymnasium sein. Wir machen das auch in der Stadtteilschule Bahrenfeld, die hat Sozialindex-Stufe 3." (In Hamburg gibt es die Stufen 1 bis 6, wobei 6 für die beste soziale Lage steht.)

In der Stadtteilschule Bahrenfeld hat Lisa Rosa zusammen mit dem Lehrer Max von Redecker ein Blogprojekt über 20 Wochen hinweg in den regulären Unterricht eines Profilkurses integriert. Dafür wurden in Jahrgang 12 die Stunden für Geschichte, Kunst und das sogenannte Seminarfach genutzt. Das Thema aus dem Lehrplan lautete: Migration und Integration. „Als wir den Schülern das Thema genannt haben, waren die alles andere als begeistert. ,Schon wieder?', haben die gefragt", berichtet Lisa Rosa. „Und wir haben gesagt: ,Ja. Aber dieses Mal mit euren eigenen Themen!'"

Ein vorbereitetes Blog als Materiallager

„In diesem Fall haben der Lehrer und ich vorab ein Blog als vorbereitete Materialsammlung erstellt. Das ist riesig, ein überbordendes Lager" erklärt Lisa Rosa. „Davon können die Schüler sich inspirieren lassen. Natürlich können sie auch selbst Material darüber hinaus suchen und das in den Materialpool hochladen."

Die Grundannahme für den Einstieg ins Thema lautete: Jeder hat einen Migrationshintergrund. In der ersten Stunde des Projektes zeigt Lehrer Max von Redecker seinen eigenen Stammbaum und erzählt die Geschichte seiner Familie. „Danach macht er erst einmal nichts", schildert Lisa Rosa. „Er steht nur da und wartet. Dann erzählen die Schüler entweder ihre eigenen Geschichten oder äußern Gedanken zum Gegenstand und erklären ihr Wissen. Und der Lehrer protokolliert das auf Karten, um die Beiträge festzuhalten und beim Anpinnen zu strukturieren."

In der zweiten Stunde werden Fragen gesammelt, kollaborativ in einem Etherpad. Anschließend geht es wie im Gedenkstätten-Projekt darum, persönliche Fragen zu identifizieren und Arbeitsvorhaben dafür zu entwerfen. Die Schüler schreiben im Verlauf der 20 Wochen drei Texte: ein Abstract zum Vorhaben, einen Fachartikel und eine abschließende Reflexion zum Lernprozess. Alle drei Texte werden benotet.

„In diesem Projekt wurde selten zu zweit und fast immer alleine gearbeitet. Die Fragestellungen waren zum Teil sehr persönlich", berichtet Lisa Rosa. Der Computerraum wird zur stillen Werkstatt: Die Schüler sitzen vor ihren Rechnern, lesen, verarbeiten, schreiben. „Wenn das gut läuft, dann wollen die Schüler gar nicht aufhören. Die Schulklingel kann man dann vergessen! Der Lehrer muss aufpassen, dass das zeitlich passt."

Überhaupt sieht Lisa Rosa gerade bei der selbständigen Arbeit den Lehrer in der Verantwortung. „Die
Schüler müssen ja nicht nur undidaktisiertes Material
zusammentragen und durchlesen. Wenn sie das noch
nie vorher gemacht haben, weil ihnen alles immer schon
zugeschnitten vorgesetzt wurde, dann können sie nicht
von selbst wissen, wie sie Texte sinnvoll auswerten und
wie sie Antworten auf ihre Fragen bekommen. Das muss
man ihnen zeigen – entweder im Plenum oder einzeln
im Coaching."

Die Bedeutung des Plenums

„Je größer der Anteil der Einzelarbeit ist, desto mehr
müssen wir darauf achten, dass es Zusammenarbeit gibt
und dass am Ende ein gemeinsames Ergebnis da ist."
Dafür hat Lisa Rosa im Projekt das „Zwischenstandsple-
num" vorgesehen. Die Schüler sind noch mitten im Ar-
beitsprozess und holen mal Luft und schauen sich an, wie
weit ihre Vorhaben gediehen sind. Noch sind Korrektur
und Umkehr aus Sackgassen gut möglich. Hier holt man
sich neue Motivation und neue Aspekte für das eigene
Thema. Es findet ein intensiver Austausch statt, sowohl
zu inhaltlichen wie zu methodischen Fragen.

Allerdings muss es für Lisa Rosa nicht immer der
Lehrer sein, der den Schülern Dinge erklärt. „Wir haben
die Peer-Beratung eingeführt. Die Schüler haben sich
im Plenum gegenseitig vorgestellt, was sie machen und
gegebenenfalls auch ihre Probleme damit geäußert. Die
anderen Schüler mussten sich da reindenken und rein-
fragen. Das ist ein gegenseitiges Lerncoaching. Wenn
man den Schülern zeigt, wie das funktioniert, dann ist
das wahre Kollaboration!"

Auch das gemeinsame Produkt am Ende ist wichtig. Zum Projektabschluss verwandelten die Schüler aus ihren Einzelaspekten ein Theaterstück zum Gegenstand Migration-Integration, das öffentlich aufgeführt und als Video im Blog veröffentlicht wurde. Anschließend mussten sie einem großen Publikum von Erwachsenen Rede und Antwort zum Gegenstand, zu ihren Positionen und zur Qualität ihres Stückes stehen.

Wirtschaftswachstums-Dilemma

Mit einem analogen Vorgehen haben Lisa Rosa und Max von Redecker auch das Thema Wirtschaftswachstums-Dilemma bearbeitet. An diesem Beispiel macht Lisa Rosa deutlich, dass es nicht unbedingt die Textform sein muss, die im Ergebnis dominiert. „Wir hatten hier eine enorme Vielfalt. Eine Schülerin hat ein eigenes Video-Blog ‚Selbstversuch vegan leben" geführt, andere haben Rap-Texte geschrieben und aufgenommen, andere Comedy-Formen erprobt oder eben auch eine 17-seitige Facharbeit geschrieben."

In diesem Projekt gibt es mündliche Noten für Kommentare zu den Artikeln von Mitschülern. Lisa Rosa kann von überraschenden Folgen berichten: „Ein Schüler, der unbedingt seine Note verbessern wollte, hat über die Osterferien 60 Artikel gelesen und kommentiert. Ich denke, das ist eine legitime Motivation. Solange es Noten gibt, müssen wir sie als Lernmotiv honorieren."

Kulturzugangsgeräte ohne Schulfilter

Welche Rolle spielt das Internet beim Projektlernen? Ginge vieles davon nicht auch offline? Lisa Rosa: „Projektlernen geht grundsätzlich auch ohne digitale Medien. Aber vor allem Personalisierung und ‚Kollabo-rativisierung' gehen nur mit Social Media! Man braucht ein offenes Netz für die Beschaffung von Ressourcen. Das Internet bietet nicht nur didaktisiertes und kleingehacktes Material, sondern alles, die echte Welt in ihrer ganzen Vielfalt!"

Und was braucht es dafür im Klassenraum? „Das ist eigentlich einfach,", sagt Lisa Rosa. „Es braucht einen Beamer, damit man ge-meinsam Sachen anschauen und besprechen kann. Es braucht ein Kul-turzugangsgerät, also Computer mit Internetzugang – und zwar für jeden einzelnen Schüler einen eigenen und ständigen Zugang, sonst kann er nicht wirklich personalisiert arbeiten. Und ganz wichtig für die Schulen: Es braucht einen ungefilterten Zugang. Unsere Projekte waren nur möglich, weil jemand den Schulfilter abstellen konnte. Mit den Standardeinstellungen in den Hamburger Schulen wäre die ganze Arbeit nicht möglich gewesen! Die Schüler müssen teilweise nach Hau-se gehen, um Bilder hochladen zu können. Oder man muss mit dem eigenen Smartphone einen Zugang schaffen, um überhaupt vernünftig arbeiten zu können. Diese Schulfilter sind die totale Entmündigung! Und sie bilden leider auch für die meisten Lehrer so hohe Verkomplizie-rungen ihrer eh schon komplizierten Arbeitsbedingungen, dass schon allein deswegen die meisten gar nicht erst ausprobieren wollen, mit den Social Media-Formen zu arbeiten."

Dokumentation und Material-Blog

Nicht nur die Blogprojekte der Schüler sind weiterhin on-line zu finden. Auch die parallelen Material-Blogs zu den Projekten „Migration und Integration" und „Wachstum" stehen zur Verfügung. Die kompletten Blogs können als Steinbruch und Materiallager für eigene Projekte genutzt werden. Das Migration-Integration-Material-Blog wurde außerdem anlässlich der Flüchtlingskrise aktualisiert und mit neuen Materialien ergänzt. Durchführung der Blogprojekte und Prinzipien der Projektmethode wurden in gedruckten Lehrerhandreichungen dokumentiert, die inzwischen in vierstelligen Auflagen nachgefragt wurden (vgl. Links in den Eckdaten).

Aufwand, Effektivität und Effizienz

Neue Wege, intensive Vorbereitung, Zusammenarbeit mit mehreren Lehrern, widrige Technologien – lohnt sich dieser Einsatz am Ende, Frau Rosa? „Ja, das ist ein großer Aufwand. Man muss das gut vorbereiten, ständig reflektieren und wach sein. Aber wenn man das erst einmal hat, dann hat man in der Schule viel mehr Zeit als in einem Unterricht, bei dem man jede Stunde vortanzen muss. Die Lernarbeit machen ja die Schüler." Lisa Rosa empfiehlt, es einfach auszuprobieren. Es gibt nur eine Einschränkung: „Das geht nicht, wenn man keine Freude daran hat. Aber es klappt! Der Unterricht macht sogar viel mehr Spaß. Und er ist nicht so erschöpfend, wie wenn man ständig selbst vortragen oder Disziplin einprügeln oder Schüler ‚aktivieren' muss."

Und was kommt am Ende dabei raus? „Das Projektlernen wie in den Blogprojekten ist keine ‚Effizienz-Methode' – aber es ist unglaublich effektiv! Die Schüler erwerben alle möglichen Skills, die im 21. Jahrhundert zu den wesentlichen Lernzielen zählen. Und man erreicht gleichzeitig ein deep learning zum Gegenstand. Das ist kein Widerspruch! Es ist ein Vorurteil, dass man sich zwischen Soft Skills und Hard Skills als Lernziel entscheiden muss. Im Gegenteil! Man kriegt am besten beides zusammen. Dafür braucht es eine geschickte und kluge Lernorganisation. Projektlernen in Kombination mit digitalen Medien ist bisher das Beste, was ich dafür gefunden habe."

Eckdaten zur Person und Schule

 Lisa
Rosa

Fächer: Lehrerbildung, Geschichte, Politik

Schule: Landesinstitut für Lehrerbildung und Schulentwicklung Hamburg

**Aufgaben
in der Schule:** –

Berufsbiographie

* 20 Jahre Musik-, Politik-, Geschichtslehrerin an Gesamtschule (Westberlin) und Gymnasium (Hamburg)
* seit 2005 Unterrichtsentwicklung und Lehrerfortbildung in Hamburg
* Demokratie- und Projektlernen, Lernen in der Wissensgesellschaft, Lernen 2.0
* Zusammenarbeit mit diversen Hamburger Schulen und verschiedenen KollegInnen in ihrem Unterricht

Links

Aufgabengebiet Demokratiepädagogik am Landesinstitut für Lehrerbildung und Schulentwicklung Hamburg:
http://li.hamburg.de/demokratie

shift. Weblog zu Schule und Gesellschaft – Blog von Lisa Rosa:
http://shiftingschool.wordpress.com

Blogwerkstatt von Lisa Rosa: **http://lisarosa.wordpress.com**

Drei Projektblogs:

https://migrationintegration.wordpress.com

https://ewgprojektblog.wordpress.com

https://mehristweniger.wordpress.com

Publikation „Integration ist für mich (k)eine Frage!"; Unterrichtsvorhaben zum Team „Migration – Integration":
http://li.hamburg.de/publikationen/3861046/artikel-integration-unterrichtsvorhaben/

04
von
10

GESCHICHTE BEDEUTET IMMER MEDIEN

DIGITALE MEDIEN IM UNTERRICHT VON DANIEL BERNSEN

Classroom4.eu – ein multimediales, europäisches Schulbuch

Unter www.classroom4wiki.eu[14] findet man ein Schulbuch zur europäischen Kulturgeschichte. Der Geschichtslehrer Daniel Bernsen gehört zum Gründungsteam der Online-Plattform. Die Überschriften der Artikel lauten zum Beispiel „Die Daguerrotypie – Einführung der Fotografie in Koblenz", „Postzensur nach dem Ersten Weltkrieg", „Tasteninstrumente – eine Einführung" oder „Portraitkünstler Januarius Zick (1737-1790)". Es gibt Artikel auf Deutsch, Englisch, Französisch, Niederländisch und Spanisch. Was man auf den ersten Blick nicht unbedingt erkennt: Die Autoren der Inhalte sind Schüler aus verschiedenen Ländern Europas. Einige von ihnen stammen aus dem Eichendorff-Gymnasium Koblenz und haben ihre Essays im Leistungskurs Geschichte bei ihrem Lehrer Daniel Bernsen geschrieben.

Auf lokaler Ebene europäische Geschichte schreiben

Das großangelegte Projekt Classroom4.eu verbindet regionale und europäische Geschichte. Daniel Bernsen erklärt: „Schüler in Sek II recherchieren selbständig zur Geschichte ihrer Stadt, suchen nach den regionalen Verflechtungen in Europa und stellen die Ergebnisse in Form von Essays online." Am Anfang stand die Idee, das Ganze als europäischen Wettbewerb zu organisieren und die besten Schüler-Aufsätze in einem Buch zu veröffentlichen. Daniel Bernsen und seine Mitstreiter haben sich stattdessen für eine Website auf Wiki-Basis entschieden. „Wir sind relativ schnell auf die Vorteile eines interaktiven Online-Schulbuchs gekommen: 1. Es besteht keine Begrenzung hinsichtlich des Umfangs. Das ‚Buch' kann also ständig erweitert werden, wobei insbesondere lokale, regionale oder nationale Sonderentwicklungen abgebildet werden können. 2. Über die Verlinkungen zwischen verschiedenen Artikeln wird unsere Grundidee abgebildet, Europa als einen über Personen vernetzten Kommunikationsraum darzustellen. Und 3. sind als Inhalte nicht nur Texte und Bilder, sondern perspektivisch auch Videos, Übungen oder Lernspiele denkbar."

Fragen an die Geschichte

Daniel Bernsen nutzt das Projekt, um seinen Leistungskurs Geschichte zu Beginn von Jahrgang 11 an die Methoden des Fachs heranzuführen. „Da geht es um grundlegende Dinge: Wie funktioniert dieses Fach überhaupt? Wie recherchiere ich? Wie forsche ich? Wie schreibe ich? Das lässt sich sehr gut lernen, wenn man einen Essay für Classroom4.eu schreibt."

Zu Beginn zeigt Bernsen den Schüler die Website, stellt ihnen die verschiedenen Themenbereiche vor und erklärt die Projektidee. Dann gibt er die Hausaufgabe: „Überlegt euch bis zur kommenden Woche, welches Thema euch so interessiert, dass ihr für vier Wochen dazu arbeiten wollt! Es muss zu einem der Themenbereiche auf der Website passen und einen Bezug zu eurem Wohnort haben." Die Schüler sollen auf diese Weise lernen, wie man Fragen an die Geschichte stellt.

In der nächsten Stunde werden die Themen gesammelt, angepasst und konkretisiert. Für die erste Recherchephase können sich Schüler zusammentun, die zum gleichen Oberthema arbeiten. Bernsen geht mit dem Kurs in den Computerraum. „Zunächst machen die Schüler eine allgemeine Recherche: ‚Was gibt es zu dem Thema? Was finde ich dazu in Bezug auf Koblenz?' Häufig kommt dabei heraus, dass es zum lokalen Bezug keine Quellen online gibt. Dann müssen wir vor Ort in die wissenschaftliche Landesbibliothek gehen."

Für den 11. Jahrgang bereitet Bernsen eine Einführung vor. „Wie geht das überhaupt mit der Recherche? Wie erstelle ich eine Bibliographie? Wie funktioniert die Bibliothek? Das erkläre ich möglichst so, dass die Schüler zum selbständigen Arbeiten befähigt werden. Oft buche ich dazu auch einen Termin in der Bibliothek." Außerdem unterstützt Bernsen die Schüler beim Erstellen eines Arbeitsplans: „Welche Schritte muss ich einplanen? Wie viel Zeit brauche ich dafür? Wie kann ich das in vier Wochen mit je vier Unterrichtsstunden umsetzen?"

Dann geht es an die eigentliche Arbeit. Aus dem Computerraum wird eine Mischung aus Bibliothek und Redaktion. Die Schüler sollen ihre Essays im Unterricht und nicht zu Hause schreiben, damit sie sich untereinander austauschen und Rückmeldungen von Lehrer Bernsen bekommen können. „Ich sehe das als Propädeutik. Unter Anleitung lernen die Schüler nicht nur etwas über ihr Thema, sondern vor allem über selbständiges und wissenschaftliches Arbeiten im Fach Geschichte."

Am Ende der vier Wochen senden dann alle Schüler ihre Texte als Word-Datei an Lehrer Bernsen, der sie überprüft und Rückmeldungen für eine Überarbeitungsrunde gibt. „Die Veröffentlichung auf der Website erfolgt nicht durch die Schüler selbst. Wir sehen uns da in der Verantwortung für die redaktionelle Sicherung. Und es ist mir wichtig, dass Schüler in ihrem Lernprozess nicht bloßgestellt werden."

Nach der Überarbeitung können die Schüler entscheiden, ob sie den Text durch Lehrer Bernsen veröffentlichen möchten und ob sie ihren echten Namen dafür nutzen wollen. „Die Veröffentlichung ist freiwillig – aber bisher wollte jeder", berichtet Bernsen. „Es gab nur einen Fall, in dem eine ehemalige Schülerin drei Jahre nach dem Abitur ihren Namen entfernt haben wollte. Obwohl die Arbeit exzellent war und ja auch ein Datum dabei stand, war sie der Meinung, dass der Text nicht mehr ihren Ansprüchen genüge. Dann haben wir den Namen entfernt."

Alle Inhalte im Projekt Classroom4.eu werden unter einer Creative Commons Lizenz veröffentlicht, so dass sie als Open Educational Resources (OER) weiter nutzbar sind. Bernsen ist von der Grundidee des translokalen Ansatzes überzeugt, bei dem Schüler auf die Vorarbeiten aus anderen Jahrgängen und anderen Ländern zugreifen können. Schaut man heute auf die Website www.classroom4wiki.eu, so findet man vor allem Beiträge aus Schulen, die an der Gründung beteiligt waren. „Ich finde das schade", bilanziert Bernsen, „und ich weiß noch nicht genau, woran es liegt, dass da wenig Resonanz kommt. Meine Vermutung ist, dass Themen und die Arbeitsweise den Lehrplänen entgegenstehen."

Daniel Bernsen – Blogger und GPS-Gerät

Daniel Bernsen unterrichtet seit 2007 am Eichendorff-Gymnasium in Koblenz in den Fächern Geschichte, Spanisch und Französisch. Er koordinierte seit 2013 ein BYOD-Projekt in der 7. und 8. Klasse. Viele seiner Ideen und Erfahrungen teilt er, in wissenschaftlichen Publikationen oder im Netz. Dort führt er das Blog zum BYOD-Projekt (byodkoblenz.

wordpress.com[15]), bereits seit 2009 das Blog „Medien im Geschichtsunterricht" (geschichtsunterricht.wordpress.com[16]) und neuerdings auch ein Blog „Bildung, Netz & Politik" (bipone.wordpress.com[17]).

Wenn man Bernsen nach seinem Selbstverständnis als Lehrer fragt, zitiert er eine Metapher des kalifornischen Lehrers Aaron Sams: „Wenn das Lernen ein individueller Weg ist, dann übernimmt der Lehrer die Aufgabe eines GPS-Geräts. Er unterstützt den Lernenden bei der Erreichung des Ziels, indem er unterschiedliche Routen vorschlägt. Der Lernende kann den Vorschlägen folgen, er kann aber auch Abkürzungen und Umwege nehmen oder eigene Routen entwickeln. Wichtig ist, dass der Lernende nicht ‚per Anhalter' oder ‚im Lehrerauto' zum Ziel gebracht wird."

Ende der Kopierschlachten

Daniel Bernsen erinnert sich daran, dass ihm im Referendariat ab 2002 immer wieder ein großes Wort vorgesetzt wurde: Binnendifferenzierung! „Das war so ein Zauberwort. Uns wurde in der Ausbildung gesagt, dass das ganz wichtig sei. Aber wie man es konkret macht, wurde uns nicht beigebracht. Man hat dann gelernt, dass es darum geht, möglichst viele verschiedene Materialien mit in den Unterricht zu bringen. Das waren wahre Kopierschlachten."

Mit dem Einzug digitaler Medien sieht Daniel Bernsen ganz neue Möglichkeiten für die Binnendifferenzierung. „Wir können stark differenzieren, was die Lerninhalte angeht. Und wir können stark differenzieren, was die Lernprodukte und damit in der Folge auch was die Lernwege angeht. Digitale Medien helfen nicht bei der Individualisierung – sie ermöglichen die konsequente Individualisierung erst!" Bernsen sieht die Konsequenzen der Digitalisierung nicht auf die didaktische Ebene begrenzt. „Solange man nicht die große Wahl zwischen Inhalten und Formen hatte, musste man auch nicht darüber nachdenken. Das kam erst mit dem Digitalen. Auch in der Arbeitswelt spielt das eine immer größere Rolle: Ich muss ständig entscheiden, in welcher Form ich etwas aufbereite. Schüler müssen alle Formen kennenlernen, um zu entscheiden, wann sie mit was gut lernen können. Damit werden auch persönliche Lernumgebungen relevanter. Man hätte auch vor 20 Jahren darüber nachdenken können. Aber die Frage stellt sich erst jetzt, aus den Möglichkeiten heraus. Das ist auch eine Individualisierung des Lernen Lernens."

Digitale Landkarte zum Ersten Weltkrieg

Bernsen hat Geschichtsprojekte mit digitalen Medien in vielfältiger Weise erprobt. „Die Struktur ist dabei immer gleich. Ich stelle ein Thema vor, das vom Lehrplan vorgegeben ist. Dann sammeln wir eigene Fragen zu diesem Thema, zum Beispiel einfach auf Papier an der Pinnwand. Wir clustern die Fragen und Schüler entscheiden sich, welche Aspekte sie bearbeiten möchten."

Anschließend geht es um die Form, in der die Lernergebnisse präsentiert werden sollen. Bernsen fragt die Schüler, welche Form sinnvoll ist. „Das ist ganz unterschiedlich. Manchmal ist es eine Zeitung, manchmal ein Comic. Wir machen Kurzfilme oder Fotogeschichten. Beliebt sind auch digitale Karten. Eine 8. Klasse kann zum Beispiel zum Thema Erster Weltkrieg historische Orte auf einer digitalen Landkarte markieren und an jedem Ort unterschiedliche Medien einbinden, die die Geschehnisse und Spuren dokumentieren."

Aber woher nehmen die Schüler die Kompetenzen, entsprechende digitale Dienste und Werkzeuge einordnen und nutzen zu können? „Die Lernenden müssen altersgemäß mit den Eigenheiten der Erzählformen vertraut sein. Aber das ist nicht neu, sondern bereits heute fester Bestandteil vieler Unterrichtsfächer. Da müssen wir als Lehrer das Spektrum um die Möglichkeiten digitaler Erzähltechniken ergänzen. So kann die Entscheidung über die Form des Lernprodukts zunehmend in die Verantwortung der Lernenden gestellt werden."

Die Entscheidung über Aufwand und Art der Recherche fällt Bernsen je nach Projekt und Vorkenntnissen der Schüler. „Manchmal reicht das Schulbuch als Grundlage aus. Bei anderen Projekten gehen die Schüler raus und suchen Denkmäler in Koblenz und recherchieren dort."

Macht das nicht viel Arbeit, Herr Bernsen? „Natürlich ist Frontalunterricht mit Schulbuch einfacher und schneller. Wenn ich da eine Stunde einmal vorbereitet habe, brauche ich in den Folgejahren nur noch fünf Minuten Vorbereitung." Bernsen Urteil über die neuen Arbeitsformen fällt dennoch eindeutig positiv aus: „Es lohnt sich! Die Motivation der Schüler ist gesteigert, wenn sie nach eigenen Interessen arbeiten können. Das geht schon heute, in dem vorgegebenen Rahmen, auch mit 45-Minuten-Takt und Lehrplan. Es funktioniert gut – überraschend gut, denke ich manchmal."

Geschichte – das heißt immer Medien!

Daniel Bernsen ist nicht nur Geschichtslehrer, sondern auch Fachberater für Geschichte im Schulaufsichtsbezirk Koblenz. Wenn man ihn fragt, wo denn die Verbindungen zwischen Geschichte und digitalen Medien liegen, wird Bernsen energisch: „Geschichte bedeutet immer Medien! Die Vergangenheit ist nicht direkt zugänglich, Geschichte ist immer nur medial vermittelt. Deswegen sehe ich eine hohe Affinität zwischen Geschichte und Medienbildung. Man muss sich zum Beispiel in beiden Fällen fragen: Ist diese Quelle vertrauenswürdig? Wie beurteile ich diesen Inhalt?"

Auch auf der didaktisch-methodischen Ebene hält Bernsen den Geschichtsunterricht für besonders geeignet, um digitale Medien einzusetzen. „Da steht oft ein Arbeitsauftrag im Zentrum, der den Schülern ein konkretes Produkt vorschreibt. Das sind im Geschichtsunterricht zum Beispiel das Verfassen eines Tagebucheintrags, eines Protokolls oder eines Briefs, die schriftliche Beantwortung einer Frage oder das Anlegen einer Zeitleiste. Digitale Medien erweitern dieses Spektrum der möglichen Lernprodukte erheblich, gerade wenn es um das Narrative geht. Es können multimediale Zeitleisten, virtuelle Geschichtsausstellungen, Film-Dokus, Geocaches erstellt, Wiki-Artikel, Online-Kommentare, Blogbeiträge etc. geschrieben werden. Das meiste davon ging schon vorher – aber jetzt sind Kreation, Veröffentlichung und Vernetzung deutlich einfacher geworden."

Wie viele andere Lehrer sieht Bernsen Potentiale bei der Veröffentlichung von Lernprodukten. „Schule wird transparenter, das ist grundsätzlich begrüßenswert. Die Veröffentlichung kann auch die Motivation bei den Schülern steigern, denn sie arbeiten nicht mehr nur für den Lehrer." Allerdings warnt Bernsen davor, die Veröffentlichung als Selbstläufer anzusehen. „Die Motivation kann auch schnell in Frust umschlagen, wenn die Klicks ausbleiben und niemand die Ergebnisse bemerkt. Deswegen muss man gemeinsam mit den Lernenden eine Zielgruppe benennen und überlegen, wie man diese Gruppe erreichen kann."

Internationale Partnerschaften

Wenn es um Zielgruppen für Lernprodukte geht, setzt Bernsen vor allem auf Partnerklassen und internationale Projekte. „Wir richten unsere Präsentationen zum Beispiel an eine Partnerklasse in Frankreich, England oder Spanien. Auch mit Polen, Aserbaidschan oder Kanada haben wir schon schon zusammengearbeitet." Am Anfang steht häufig eine Videokonferenz zum gegenseitigen Kennenlernen. Bernsen empfiehlt die Möglichkeiten der Plattform eTwinning, ein Netzwerk für Schulen in Europa, das in Deutschland vom Pädagogischen Austauschdienst organisiert wird.

„Die Motivation ist sehr hoch, wenn Schüler Ergebnisse für andere Schüler in anderen Ländern erarbeiten. Umgekehrt kommt dann auch etwas aus der anderen

Schule zu uns. Solche Projekte sind nur digital möglich. Früher hat man manchmal ein Brief geschrieben. Das hatte einen ganz anderen Rhythmus, und direkte Zusammenarbeit war gar nicht möglich." Nach Bernsens Erfahrung laufen konkrete, überschaubare Projekte besser als große Partnerschaften mit vielen Beteiligten. „Die Koordination unter den Lehrkräften ist sehr aufwändig. Und manchmal ist die Zusammenarbeit auch recht unverbindlich. Gleichzeitig bietet sich inzwischen auch die Möglichkeit, Kooperationen auf Lehrerebene zu individualisieren." Bernsen findet viele Kontakte inzwischen auf Konferenzen oder über Twitter.

Französisch subversiv

Neben Geschichte unterrichtet Daniel Bernsen auch Französisch. In diesem Fach führt er häufig deutsche und französische Lerngruppen über digitale Medien zusammen – mitunter mit unerwarteten Folgen. „Ich hatte in Französisch eine Schülerin, eine sehr gute Schülerin. Als ich im 12. Jahrgang in ihren Hausaufgaben einen Fehler korrigiert hatte, war sie ganz außer sich. Sie war überzeugt, dass ihr Text richtig sein müsse. Als ich sie fragte, warum sie sich so sicher sei, kam folgende Geschichte heraus: In Jahrgangsstufe 11 haben wir immer ein Projekt, in dem eine Klasse bis zu zwei Monate lang mit einer Partnerklasse in Frankreich verbunden ist. Dabei arbeiten zwei Schüler aus Deutschland mit zwei Schülern aus Frankreich in einer Gruppe zusammen. Diese Schülerin hatte nun die Verbindung nach Frankreich auch nach dem Projekt fortgeführt. Sie hat seit 1,5 Jahren immer zusammen mit den französischen Schülern die Hausaufgaben in Französisch und Deutsch gemacht! Sie haben sich gegenseitig geholfen und einander Texte und Aufgaben korrigiert. Man sieht, dass Schüler das Internet auch eigenständig, ohne die Lehrkraft nutzen können. Das Netz hat geradezu ein subversives Potential für die Schule."

Ein BarCamp im 45-Minuten-Takt

Bernsen erprobt neue Formen nicht nur beim Lernen mit digitalen Medien, sondern auch, wenn die Medien selbst zum Thema werden. 2014 hat er ein BarCamp im Unterricht durchgeführt, eingepasst in den gegebenen 45-Minuten-Takt. „In der 8. Klasse diskutierten wir darüber, wie krass die Heterogenität in Technikfragen war. Da gab es einige, die quasi schon halbe Hacker waren, während andere nicht mal Dateien von einem USB-Stick öffnen konnten." Bernsen fiel auf, dass die Schüler sich in Technikfragen oft gegenseitig unterstützten und dass es nicht immer der Lehrer war, der die größte Expertise im Raum hatte. Deswegen entwickelte er die Idee für ein BarCamp im Unterricht.

Das BarCamp-Format, auch „Unkonferenz" genannt, basiert darauf, dass das Programm gemeinsam von allen Anwesenden gestaltet wird und jeder selbst ein Angebot im Rahmen dieses Programms macht. „Beim Thema Computer sind alle Schüler zugleich auch Experten und können selbst ein Lernangebot für Ihre Mitschüler machen", berichtet Bernsen. „Da war klar: Wir machen ein BarCamp!"

Das BarCamp wurde in insgesamt sechs Unterrichtsstunden umgesetzt, die sich auf drei Wochen verteilten. In der ersten Stunde wurden die Themenwünsche ermittelt. Jeder Schüler schrieb anonym auf, welche Probleme er in letzter Zeit mit digitaler Technik hatte, die er selbst nicht lösen konnte. Auch weiterführende Fragen waren willkommen. Bernsen sammelte die Vorschläge ein, fasste ähnliche Fragen zusammen und erstellte daraus eine Themenliste.

In der zweiten Stunde erklärte Bernsen seinen Schülern die Methode BarCamp. Jeder Schüler sollte (alleine, zu zweit oder zu dritt) zu einem Thema aus der Themenliste einen kleinen Workshop vorbereiten. Bernsen war selbst etwas überrascht, wie gut das funktionierte. „Die vorbereitete Themenliste war sehr hilfreich. Einzelne Schüler waren zunächst der Meinung, dass sie gar keinen eigenen Beitrag liefern könnten. Dann hat aber jeder in der Liste ein Thema gefunden, zu dem er einen Workshop vorbereiten konnte."

Die Vorbereitung der Workshops erfolgte in den Stunden drei und vier individuell bzw. mit der Kleingruppe. Dabei machte Bernsen keine Vorgaben zur Form. „Manche haben einen kleinen Vortrag erarbeitet, andere

Gestaltung eines Mini-Workshops

Ideen sammeln
1) Was muss man dafür können?
2) Wie kann man das lernen?
3) Was brauchen wir dafür an Technik, Hilfsmitteln?

Planung
4) Ablauf für Workshop überlegen (15 Minuten)
5) nicht nur Vortrag, sondern auch Ausprobieren, Üben
6) Überlegen: Weitere Themen/Vertiefung? Mögliche Fragen der Teilnehmer? Kennen wir Antworten/Können wir das zeigen/erklären?
→ ansonsten nochmal vorher nachschlagen, sich informieren
7) Habt ihr Tipps zum Weiterlernen? Internetseiten, Kurse, Bücher? Ist ein Handout mit Infos und Tipps für Teilnehmer vielleicht hilfreich/sinnvoll?

Abschluss
8) alle Überlegungen aufschreiben
9) Notwendiges Material/Technik mit Lehrer klären
10) Workshop einmal durchspielen → evtl. verbessern / Planung überarbeiten

Die einzelnen Arbeitsschritte
(Bild steht nicht unter einer freien Lizenz)

eine Diskussionsrunde vorbereitet oder eine praktische Anleitung erstellt. Um die Orientierung zu erleichtern, habe ich eine Liste mit Arbeitsschritten verteilt."

In der dritten Woche fand dann in den Stunden fünf und sechs das BarCamp statt. Bernsen hatte die Themen in einem Zeitplan verteilt, dass für jeden Workshop ca. 20 Minuten Zeit waren und dass drei oder vier Workshops parallel stattfanden. „Das hat sogar in einem Raum funktioniert, in dem die Workshops je in einer Ecke stattgefunden haben. Wir haben dabei auch eine Grundregel des BarCamps umgesetzt: Jeder konnte den Workshop wechseln, wenn ihn das Thema nicht mehr interessierte."

THEMENWÜNSCHE
- Audio-Dateien schneiden
- Bilder/Dateien auf Laptop übertragen/kopieren
- Bildschirm drehen
- Bildschirm hinzufügen/2 Bildschirme gleichzeitig nutzen
- Dateien öffnen vom USB-Stick
- Dateien umwandeln (doc, odt, pdf)
- (virenfreie, legale) Downloads finden
- Hacking
- Installation von ActivInspire
- legal Musik downloaden
- Open / Libre Office nutzen (Tabellen erstellen, Bilder einfügen)
- PowerPoint nutzen/Präsentationen erstellen
- Programmieren lernen
- Proxy der Schule umgehen (um z.B. prezi zu nutzen)
- Screenshots machen
- Virusabwehr/ Viren entfernen
- Umwandlung von Audio-Dateien (von/in mp3)
- Videos schneiden
- ...

Die einzelnen Arbeitsschritte
(Bild steht nicht unter einer freien Lizenz)

Bernsen bewertet das BarCamp im Unterricht als vollen Erfolg. „Die Rückmeldungen der Schüler waren überwältigend! Jeder hat selbst etwas gelernt – und zwar zu den Themen, die ihn besonders interessierte haben. Und mindestens genauso wichtig: Jeder Einzelne hat sich selbst als kompetent erlebt."

Eckdaten zur Person und Schule

 Daniel
Bernsen

Fächer:

- Geschichte, Französisch, Spanisch

Schule:

- Eichendorff-Gymnasium Koblenz (Rheinland-Pfalz)
- ca. 900 Schülerinnen und Schüler
- Zwei Profilschwerpunkte: Musik und UNESCO-Projektschule

**Aufgaben
in der Schule:**

- Jugendmedienschutzbeauftragter
- Klassen- und Stammkursleiter
- Koordinator BYOD-Projekt (2013-2015)

Berufsbiographie

- **1995-2001** Studium in Bonn, Brüssel und Münster, Stipendiat der Friedrich-Ebert-Stiftung
- **2002-2004** Referendariat am Studienseminar Trier
- **2004-2007** Lehrer am St. Willibrord-Gymnasium Bitburg
- **seit 2007** Lehrer am Eichendorff-Gymnasium Koblenz
- **seit 2011** zusätzlich: Regionaler Fachberater für das Fach Geschichte im Schulaufsichtsbezirk Koblenz

Links

Schulhomepage: **www.eichendorff-koblenz.de/**

Blog „Medien im Geschichtsunterricht": **http://geschichtsunterricht. wordpress.com/**

Blog „Bildung, Netz & Politik": **http://bipone.wordpress.com/**

Twitter **@eisenmed**

05
von
10

AUTHENTISCHER
SPRACHEN LERNEN

DIGITALE MEDIEN
IM UNTERRICHT VON MONIKA HEUSINGER

Recherche für einen digitalen
Reiseführer über Madrid

„Was Du machen kannst, wenn Du Madrid besuchst", ist
ein typisches Kapitel im Spanisch-Lehrwerk. Lehrerin
Monika Heusinger ist damit nicht ganz glücklich. „Es sind
nicht immer die aktuellen Themen, die im Schulbuch zu
finden sind. Und Neuntklässler finden dort nicht unbedingt die Sehenswürdigkeiten, die sie interessieren. Die
gehen nicht ins Theater. Die finden das Fußballstadion
spannend!"

Also erstellen die Neuntklässler in ihrem zweiten Jahr
Spanisch am Otto Hahn Gymnasium Saarbrücken einen
eigenen Reiseführer. Für Monika Heusinger, Lehrerin für
Spanisch und Französisch, ist der schülerzentrierte Zugang wichtig. „Wenn die Schüler im Web recherchieren,
können sie Themen wählen, die sie persönlich interessieren und zusätzliche Aspekte erarbeiten, die im vorgegebenen Material nicht vorkommen."

Im ersten Schritt geht es um die Verteilung der Themen. Die Schüler arbeiten zu zweit oder dritt und sollen
unterschiedliche Themen wählen. „Was gibt es in Madrid
und was würde Dich interessieren?", lautet Heusingers

Leitfrage für die ersten 15 Minuten. Die Schüler greifen sich ein Tablet pro Gruppe, verschaffen sich mit Hilfe von Google einen schnellen Überblick und entscheiden sich für eine Sehenswürdigkeit. Sie tragen dann den Namen ihrer Gruppe und ihres Themas in eine Liste ein.

Der Clou: Die Themenliste ist eine Tabelle in Google Docs, in die alle Schüler gleichzeitig schreiben können. Entsteht da Chaos, Frau Heusinger? „Gar nicht, im Gegenteil! Das regelt sich automatisch. Es funktioniert deutlich besser und schneller als eine Themensammlung an der Tafel oder gar über Lose-Ziehen. Früher musste die komplette Themenliste noch verschriftlicht und verteilt werden. Jetzt ist die Liste am Ende der Themenwahl fertig und alle Schüler haben Zugriff."

Eine zusätzliche Regel motiviert zu schneller Arbeit: Wenn dasselbe Thema von mehreren Gruppen gewählt wird, so bekommt es diejenige zugesprochen, die sich zuerst in die Liste eingetragen hat. In Streitfällen wäre das über die Versionsgeschichte der Liste genau nachvollziehbar.

Nach 20 Minuten beginnt die nächste Arbeitsphase. Die Schüler sammeln Informationen zu ihrer Sehenswürdigkeit und tragen sie in einem Google Doc zusammen. Heusinger erklärt: „Jede Gruppe legt dafür ein eigenes Dokument an, das im gemeinsamen Projektordner gespeichert wird. Das geht in wenigen Sekunden. Ich als Lehrerin (und potentiell auch alle Mitschüler) können dadurch immer auf die Zwischenstände aller Gruppen schauen."

Die Schüler können für ihre Recherche alle frei im Web verfügbaren Materialien nutzen. „Denkt daran, dass Ihr immer eine Quelle angeben müsst. Wenn Ihr eine neue Seite aufruft, kopiert die Adresse immer direkt in Euer Dokument!", gibt Heusinger ihren Schüler vor. „Ihr könnt später wieder löschen, was ihr nicht braucht." Neben grundsätzlichen Informationen sollen die Schüler auch ein gutes Foto der Sehenswürdigkeit finden und die Adresse des Bildes in ihr Dokument kopieren.

In der 9. Klasse haben die Schüler bereits gelernt, was sie bei der Angabe von Quellen und in Sachen Bildrecht beachten müssen. Falls sie dazu etwas nachschlagen wollen, sind Infoblätter als Gedächtnisstütze in der digitalen Arbeitsumgebung sofort zur Hand.

Themenvielfalt, Medienvielfalt

Die Arbeit mit dem Internet ermöglicht für Monika Heusinger nicht nur Individualisierung bei den Themen, sondern auch bei den Medienformen, über die Schüler sich Wissen aneignen. „Früher habe ich als Lehrerin das Material besorgt. Ich habe zum Beispiel Prospekte von der Tourismuszentrale in Madrid mitgebracht. Jetzt können die Schüler selbst ihren Eingangskanal für Informationen auswählen. Sie entscheiden, ob sie sich Texte durchlesen, Bilder anschauen, Videos ansehen oder einen Podcast hören." Viele Schüler bevorzugen visuelle Darstellungsformen. „Sie nutzen häufig nicht Google, sondern YouTube. Ich persönlich wäre da zu ungeduldig, weil ich im Video nicht scannen kann, sondern es mir durchgucken muss. Aber wenn sie das lieber machen, sollen sie das auch. Das ist ihr natürlicher Weg, den sie auch zu Hause gehen, wenn sie Informationen suchen. Das fördert die Motivation enorm!"

Für die Unterrichtspraxis hat Monika Heusinger einen einfachen Weg gefunden, wie auch bei vielen Arbeitsgruppen Videos genutzt werden können, ohne dass der Ton von zehn Videos oder Podcasts im Klassenraum durcheinander geht. „Es gibt kleine Audiosplitter, die das Kopfhörersignal auf bis zu vier Kopfhörer pro Tablet verteilen. Das ist praktisch."

Artikel für den digitalen Reiseführer

In der folgenden Woche wird die Arbeit am Reiseführer über Madrid fortgesetzt. „Man sieht in der zweiten Stunde einen weiteren Vorteil des digitalen Arbeitens. Wenn wir mit Papier gearbeitet hätten, würde jetzt bestimmt genau der Schüler krank sein oder sein Heft vergessen haben, der in der letzten Woche die Notizen gemacht hat", lacht Monika Heusinger. „Sie gewöhnen sich einen digitalen Workflow an, der auf Dauer effektiver als die Zettelwirtschaft ist. So etwas wie ‚Heft vergessen' oder ‚Ich hatte die Liste nicht' gibt es einfach nicht mehr."

In der zweiten Stunde geht es darum, aus den gesammelten Notizen einen eigenen Text zu machen. Im Arbeitsdokument werden die Notizen nach und nach gelöscht und stattdessen der eigene Text ausgearbeitet. Manche Schüler nutzen parallel ein zweites Gerät, häufig ihr eigenes Smartphone, um Vokabeln nachzuschlagen.

Nach einer halben Stunde soll der Text fertig sein. Es folgt eine Phase der „Peer Evaluation" oder „Peer Correction". Jede Gruppe nimmt sich den Artikel einer anderen Gruppe vor, überarbeitet sprachlich und korrigiert Fehler. Die Organisation für diesen Arbeitsschritt dauert wieder nur Sekunden. Jede Gruppe nimmt den Artikel, der in der Gesamtübersicht in der Zeile unter dem eigenen Eintrag steht. Der Text selbst ist mit einem Klick aufgerufen. „Die Schüler sind im Feedback sehr offen", berichtet Heusinger. „Die trauen sich auch Rückmeldungen, bei denen ich vorsichtiger wäre. Wenn ein Text nur sehr kurz geworden ist, dann kommt schon mal ein spontaner Ausruf: ‚Wie jetzt? Das war's schon?!'"

Heusinger zieht eine Zwischenbilanz: „Die Schüler haben sich mit Madrid auf individuelle, aktuelle und authentische Weise auseinandergesetzt, wie es ohne digitale Medien in zwei Schulstunden nicht möglich gewesen wäre. Die Arbeitsorganisation ist deutlich straffer, als wenn wir mit Materialien auf Papier gearbeitet hätten." Nach der zweiten Stunde nimmt Monika Heusinger sich alle Texte zu Hause noch einmal zur Korrektur vor. Anschließend erstellt sie aus den einzelnen Dokumenten ein gemeinsames Werk. „Das geht schnell. Ich nutze dafür Liberio[18]. Das ist eine Software aus Berlin, mit der ich aus allen Dokumenten eines Ordners auf Google Drive mit einem Klick ein E-Book erstellen kann."

Mit diesem Ergebnis geht Monika Heusinger in die dritte Stunde. „Natürlich sieht man den Ergebnissen an, dass die Schüler erst im zweiten Jahr Spanisch lernen und nur zwei Unterrichtsstunden Zeit hatten. Dennoch ist die Wertschätzung der Ergebnisse sehr wichtig." Alle Schüler lesen nun alle anderen Beiträge. Anschließend sollen sie eine Sehenswürdigkeit (nicht die eigene) auswählen, die sie gerne ansehen würden. Im Plenum wird dann rundum mündlich die Auswahl vorgestellt und begründet.

Individualisierung mit Tablets

Heusinger koordiniert den Einsatz von Tablet-Computern an ihrer Schule. Außerdem ist sie Fachleiterin für das Fach Spanisch am Studienseminar des Saarlandes und Dozentin für Fachdidaktik Spanisch an der Universität des Saarlandes. Mediendidaktik und Fachdidaktik möchte sie nicht voneinander trennen. „Individualisierung bedeutet für mich, dass jeder Schüler die Eigenverantwortung für die Gestaltung des Lernprozesses übernimmt und damit die eigenen Interessen und Stärken einbringen kann. Durch die digitalen Medien entstehen da ganz neue Möglichkeiten. Und mit den Tablets und der digitalen Umgebung wird der Arbeitsfluss sehr leicht."

Bisher gibt es an der Schule 20 iPads, demnächst sollen es 40 sein. Die Schule hat sich bewusst für ein System mit zentraler Ausleihe und gegen die Eins-zu-Eins-Ausstattung von nur einer Klasse entschieden, um möglichst vielen Schülern die Nutzung zu ermöglichen. Außerdem können die Schüler im Unterricht auch eigene Geräte nutzen. Monika Heusinger sieht durch die Tablets einen deutlichen Wandel in der Computernutzung: „Wir haben auch Notebooks zur Ausleihe und einen Computerraum. Seit die Tablets da sind, werden die Notebooks aber so gut wie gar nicht mehr ausgeliehen. Den Computerraum brauchen wir höchstens noch für längere Textproduktionen oder bestimmte AGs."

Wie hast Du's mit Google?

Als Lernmanagementsystem setzt Monika Heusinger seit 2013 auf Google Drive. „Das ist für mich wirklich eine Lernumgebung", zeigt sich Heusinger überzeugt. „Hier sind Materialien und ganz viele Werkzeuge beieinander und einfach zugänglich. Ich kann alle Materialien zentral bereitstellen, und am selben Ort können die Schüler damit arbeiten." Bei Google Drive zählen zu den Werkzeugen Textverarbeitung, Tabellenkalkulation, Präsentationssoftware sowie zahlreiche Erweiterungen wie Mindmapping- oder Übersetzungsprogramme. Außerdem können weitere Materialien im Web über Links angeboten werden.

In Deutschland stellt sich bei der Arbeit mit Google Drive sofort die Frage nach dem Datenschutz. Die Nutzung ist im Saarland grundsätzlich gestattet. Außerdem hat Monika Heusinger die Materialien so eingerichtet, dass sie komplett ohne individuelle Anmeldung genutzt werden können. „Im Unterricht ist jedem Gerät, nicht jedem Schüler ein Account zugeordnet. Für die Arbeit zuhause sind alle Inhalte über einen Link erreichbar, für den es keine Anmeldung braucht." Die Anmeldung über einen eigenen Google-Account ist also nicht notwendig. Dennoch nutzen einige Schüler sie. „Sehr viele Schüler haben einen eigenen Google-Account, schon weil sie häufig Android-Smartphones haben. Die legen den Schulordner dann auch in ihrer eigenen Ablage ab. Das ist ganz individuell. Jeder kann damit arbeiten, wie er möchte."

Die individuelle Nutzung wird von den Schülern nach Heusingers Erfahrung bei Google Drive stark angenommen. „Für die Schüler ist es ganz wichtig, dass es eine App gibt. Jedes Mal im Browser die Adresse aufrufen, Zugangsdaten eingeben etc. – das ist zu viel. Wenn es ein bisschen umständlich ist, wird es nicht gemacht, wenn man mal 10 Minuten im Bus oder im Wartezimmer hat. Dafür müssen Inhalte und Werkzeuge auch für das Smartphone optimiert sein." Usability und gute Aufmachungen sind wichtige Eigenschaften für Heusinger bzw. ihre Schüler. „Bei unserem Intranet früher oder bei Moodle wirkte die Umgebung für die Schüler schon an der Oberfläche verschult. Google Drive sieht so aus wie die Dinge, die sie auch privat nutzen. Der Workflow ist viel angenehmer."

Blogs zu Skigebieten, Karten zu Kolumbien, Gedichte auf Pinterest

Die Methode zum „Reiseführer Madrid" hat Monika Heusinger bereits in vielfachen Varianten durchgeführt. Dabei findet sich immer wieder das gleiche Vorgehen: Am Anfang stehen digitale Materialien oder eine Recherche im Web, danach müssen die gefundenen Informationen sortiert und aufbereitet werden, und drittens wird als Ergebnis ein kreatives digitales Produkt erstellt. Abschließend werden die Ergebnisse gemeinsam gesichtet und besprochen.

Auf diese Weise haben Heusingers Schüler schon im ersten Unterrichtsjahr einen Blog erstellt, in dem verschiedene Skigebiete vorgestellt werden. Oder sie unternahmen eine virtuelle Reise durch Kolumbien, in dem Informationen zu interessanten Orten als interaktive Landkarte angelegt wurden.

Eine Recherche zu den Comunidades Autónomas (den 17 Regionen Spaniens) wurde im 11. Jahrgang in Form von Plakaten umgesetzt. „Der Lehrplan sagt, wir sollen eine Region exemplarisch behandeln. Aber wir können mit dem Internet ja auch alle Regionen bearbeiten. Die

Informationen sind ja da, und die Schüler können nach ihren eigenen Interessen recherchieren." Im Ergebnis entstand eine Sammlung von Plakaten, die für einen virtuellen Rundgang auf der Plattform Pinterest veröffentlicht wurden. Zur Erstellung nutzen die Schüler das Präsentationsprogramm Keynote und Fotos, die als Public Domain frei verwendbar sind.

Screenshot von Pinterest
(Bild steht nicht unter freier Lizenz)

Ähnlich ging Monika Heusinger vor, als sie fortgeschrittene Lernende in der Oberstufe Gedichte schreiben ließ. Auch hier war Pinterest für sie erste Wahl zur Veröffentlichung der Ergebnisse. „Für mich ist das eine super Plattform, um Produkte visuell ansprechend auszustellen. Früher hatten wir einen Rundgang in der Klasse, wo sich immer wieder alles gestaut hat. Jetzt können die

Schüler sich mit dem Tablet in eine Ecke setzen und alles in Ruhe anschauen. Das entspannt die Situation sehr. Die Ergebnis-Sichtung ist viel ruhiger und individueller möglich." Für die Nutzung von Pinterest gibt es einen gemeinsamen Account der Klasse. Die Sichtung der Ergebnisse ist ohne Anmeldung möglich.

Digital üben

Neben dem projekt- bzw. produktorientierten Lernen nutzt Monika Heusinger auch verschiedene Formen des webbasierten Übens. „Die Schüler arbeiten sehr gerne mit Quizlet[19], LearningApps[20] oder Kahoot[21]. Sie können im eigenen Tempo arbeiten und bekommen sofort ein Feedback. Die Schüler erfahren dabei auch, dass sie für das Lernen nicht immer einen Lehrer brauchen. Das befähigt sie auch zum lebenslangen Lernen. Sie nehmen ihren Lernprozess selbst in die Hand!"

Zeitung lesen ohne Rollkoffer

Eine beliebte Methode im Sprachunterricht ist die Lektüre von authentischen Texten, zum Beispiel von Artikeln aus Zeitungen oder Zeitschriften. Zum Nachschlagen von unbekannten Vokabeln fehlt dafür häufig eine Arbeitshilfe. Heusinger: „Meist arbeitet man mit Nachschlagewerken erst in der Oberstufe. Das sind dann dicke, schwere Wörterbücher. Wenn man zwei oder drei Sprachen lernt, braucht man alleine für die Wörterbücher schon einen Rollkoffer."

Um dennoch die Arbeit mit Zeitungsartikeln zu ermöglichen, werden Originaltexte daher mit einem Vokabel-Apparat am Ende versehen – einer Liste der Begriffe, die wahrscheinlich erklärungsbedürftig sind.

Im Unterricht von Monika Heusinger können die Schüler anstelle des Vokabel-Apparats Wörterbücher im Web oder als App nutzen, entweder auf den iPads oder einfach auf den Smartphones, die sie ohnehin dabei haben (und die deutlich leichter sind als ihre papierenen Äquivalente).

Selbstvertrauen dank digitaler Arbeitshilfen

Monika Heusinger findet das nicht einfach nur praktisch. Mit dem traditionellen Vorgehen hat sie drei Probleme: „Erstens macht die Erstellung eines Vokabel-Apparats viel Arbeit. Zweitens ist die Auswahl nie individuell genug, so dass Schüler oft sagen: ‚Ich kenne alles, was da steht. Aber das was ich brauchen würde, fehlt in der Liste.' Und drittens suggeriere ich ein Defizit, in dem ich dem Schüler signalisiere: ‚Du kannst einen authentischen Zeitungstext nur lesen, wenn Du von mir die Vokabeln dazu bekommst.'"

Digitale Wörterbücher lösen für Monika Heusinger alle drei Probleme: „Es ist eine echte Zeitersparnis für mich. Ich vermeide viel Frust, denn ich muss nicht mehr antizipieren, wo die Schüler wohl Unterstützung brauchen könnten. Und schließlich lernen die Schüler, dass sie selbständig arbeiten können. Sie können prinzipiell jeden Zeitungsartikel lesen, und nicht nur die, die man ihnen aufbereitet vorgelegt hat." Damit ändert sich grundlegend auch die Auswahl der Texte für den Unterricht. Schüler können selbstbestimmt Texte lesen, die sie ihren individuellen Interessen entsprechend im Web finden.

Bei den sogenannten Ganzschriften, also vorrangig Romanen, sieht Heusinger einen weiteren Vorteil digitaler Texte: „In Materialien der Schulbuchausleihe oder Ganzschriften, die im Abitur verwendet werden dürfen, dürfen die Schüler keine Markierungen und Notizen machen – in digitalen Kopien geht das." Hinzu kommt, dass bei digitalen Lesegeräten und Apps ein Wörterbuch in der Regel integriert ist. Das Nachschlagen nimmt so nur noch einen Bruchteil der Zeit ein, die es im papierenen Wörterbuch benötigte.

Verabredungen per WhatsApp

Für Heusinger lassen sich Schulbuch und WhatsApp gut miteinander verbinden. Ein Klassiker des Fremdsprachen-Lernens ist die Verabredung mit anderen Menschen. Heusinger: „Das traditionelle Lehrwerk bietet den entsprechenden Input und schlägt dann als Hausaufgabe vor: ‚Schreibe einen Dialog, in dem sich zwei Personen verabreden!'" Heusinger nutzt noch den ersten Teil, also den Input. „Dann gebe ich als Hausaufgabe: ‚Suche Dir über WhatsApp drei Mitschüler, mit denen Du Dich auf Spanisch verabredest! Lehne zwei Angebote ab und nimm das dritte an!' Das kommt bei den Schülern viel besser an und führt zu deutlich längeren Dialogen. Es ist einfach authentischer!"

Zugriff auf die Welt

Die Arbeit mit authentischen Inhalten und für authentische Verwendungszwecke ist für Monika Heusinger ein Schlüssel für Fremdsprachen. „Das Lernen muss nicht in der didaktisierten Lehrbuch-Welt verbleiben. Ich habe Zugriff auf authentische Materialien. Ich habe Zugriff auf die Welt!"

Nicht nur über die Materialien will Monika Heusinger das Sprachenlernen näher am „echten Leben" ausrichten. „Ich kann die fremdsprachliche Welt auch über Menschen in den Klassenraum holen, weil ich Zugriff auf ganz viele Muttersprachler habe." Über Videogespräche mit Muttersprachlern oder Kooperationsprojekte mit anderen Schulen können die Schüler nicht nur enger mit der Sprache, sondern auch mit der Alltagskultur anderer Länder in Kontakt kommen.

Der Unterricht mit digitalen Medien hilft Heusinger bei einer zentralen Herausforderung des Sprachenlernens. „Ich kann den individuellen Redeanteil enorm erhöhen. Ich kann die Sprechfähigkeit schulen, indem ich zum Beispiel Podcasts und Hörspiele produzieren lasse." Heusingers Fazit: „Mein Unterricht wäre ohne digitale Medien gar nicht mehr möglich. Das wäre ein enormer Verlust an Qualität und an Möglichkeiten, das Lernen individualisiert und kooperativ zu gestalten."

Eckdaten zur Person und Schule

Monika
Heusinger

Fächer:

- Spanisch und Französisch

Schule:

- Otto Hahn Gymnasium Saarbrücken (Saarland)
- ca. 700 Schülerinnen und Schüler

**Aufgaben
in der Schule:**

- Koordinatorin für den Einsatz der iPads
- Vorsitzende der Fachkonferenz Spanisch

Berufsbiographie

- Studiendirektorin für die Fächer Spanisch und Französisch am Otto Hahn Gymnasium Saarbrücken
- Fachleiterin für das Fach Spanisch am Staatl. Studienseminar des Saarlandes für die Sekundarstufen I und II an Gymnasien und Gemeinschaftsschulen
- Teilabordnung als Dozentin für Fachdidaktik Spanisch an der Universität des Saarlandes

Links

Homepage der Schule: **http://ohg-sb.de**

Blog zur Dokumentation des iPad-Einsatzes: **https://ohgpads.wordpress.com**

Website: **http://monika-heusinger.info**

Twitter: **https://twitter.com/M_Heusinger**

mehr Info zur Person: **https://about.me/monika.heusinger**

06

von

10

ÜBEN, FEEDBACK UND TEAMARBEIT MIT DEM NOTEBOOK

DIGITALE MEDIEN
IM UNTERRICHT VON ACHIM LEBERT

Grammatik-Übungen am Computer

„Wenn die Schüler ihre Übungen am Rechner machen, bekomme ich viel mehr von ihnen mit!", schwärmt Schulleiter und Deutschlehrer Achim Lebert. Am Ottobrunn-Gymnasium in München werden Grammatik, Rechtschreibung oder Wortschatz am Notebook geübt.

Zu Beginn der Unterrichtsstunden hat Lebert Links zu Online-Übungen im Bereich Grammatik bereitgestellt. Die Arbeitsanweisung ist einfach: „Erledigt diese Übungen und notiert Euch, wie viel Prozent der Aufgaben ihr bei den Übungen richtig habt. Wer acht Übungen mit mindestens 90 Prozent richtig erledigt hat, meldet sich bei mir." Nun sitzen die Schüler vor den Laptops und üben, entweder alleine oder in Tandems. Was ist der Vorteil davon, solche Übungen auf einem digitalen anstatt auf dem analogen Arbeitsblatt zu machen, Herr Lebert?

„Wenn ich ein Arbeitsblatt für alle auf Papier verteile, dann ist das höchst ineffizient! Für manche Schüler ist das absolut langweilig, weil sie das schon können. Ich stoße als Lehrer gar nicht darauf, dass der Ludwig nach zwei Minuten komplett fertig war und dass der Hans die Regel noch gar nicht verstanden hat."

Aber Binnendifferenzierung gibt es doch auch mit Papier? „Der Lehrer kann Massen an Kopien anfertigen – für verschiedene Übungstypen und verschiedene Schwierigkeitsstufen. Das Problem: Geben Sie dafür am Ende mal Rückmeldungen für 25 oder 30 Schüler! Mit digitalen Medien kriegen wir das einfacher hin. Über Software sind ganz starke, individuelle Feedbacksysteme möglich, wie es sie früher nicht gegeben hat. Mit entsprechender Software sehe ich das für alle Schüler sofort."

Und was ist das für Software? Die Frage scheint Achim Lebert fast langweilig zu finden, so selbstverständlich ist für ihn die Antwort. „Für Online-Übungen gibt es im Netz alleine für Deutsch bestimmt 40 oder 50 Websites wie zum Beispiel ‚Suzannes Seite Deutsch[22]'. Wir haben außerdem auf unserer Lernplattform Moodle einen großen Übungs- und Testraum." Die Pädagogik hinter den Online-Übungen wirkt nicht gerade revolutionär. Es gibt Multiple Choice Tests, Lückentexte, Ergänzungs- oder Zuordnungsübungen. Nichts, was nicht auch schon auf Papier dagewesen wäre. Die Schüler sind trotzdem eifrig dabei. Lebert erklärt: „Den Schülern macht das ganz anders Spaß, weil der Computer sofort Rückmeldung gibt, was richtig und was falsch ist. Und wenn ich nicht weiterkomme, bietet das System mir schrittweise Hilfe, um zur richtigen Lösung zu gelangen."

Unmittelbares Feedback und graduelle Unterstützungssysteme, das klingt dann doch pädagogisch sinnvoll. Und wofür braucht es dann noch den Lehrer? „Der Lehrer muss aufpassen, dass er nicht einfach nur Übungen machen lässt, sondern diese in einen Rahmen einbindet." Lebert lässt seine Schüler dokumentieren, welche Übungen sie machen und wie ihr Erfolg dabei ausfällt. Dafür haben sie einen „Onlineübungspass" – eine Tabelle, in der sie jede Übung mit Datum, Dauer und Erfolgsquote eintragen. Diese Ergebnisse besprechen sie dann mit dem Lehrer. Wenn die Übungen über die schuleigene Lernplattform Moodle erledigt werden, bekommt der Lehrer dort detaillierte Rückmeldung über den Lernerfolg. Lebert ist begeistert: „Ich kriege sofort eine Übersicht über alle Übungen – eine Diagnose sowohl für jeden einzelnen Schüler wie auch für die ganze Klasse. Das ist zum Beispiel für eine Einstiegsstunde zu einem Thema sehr hilfreich."

Diagnose und Feedback – für Schüler und Lehrer

Bei digitalen Arbeitsblättern hilft der Computer als individuelles Diagnose- und Feedbacksystem. Ganz nebenbei entlastet er natürlich auch schlicht auf der handwerklichen Ebene. Lehrer Lebert hat in der Grammatikstunde bei 25 Schülern, die je 8 Übungen bearbeitet haben, keine einzige Korrektur gemacht.

Dabei ist nicht zu unterschätzen, dass die Schüler auch ihre eigenen Fortschritte sofort sehen. „Das steigert die Motivation", berichtet Lebert, „und die Fehlerquote geht im Vergleich zum traditionellen Unterricht ganz deutlich nach unten." Der „traditionelle Unterricht" ist für Lebert zum Beispiel die Arbeit mit dem Schulbuch. „Die vorhandenen Schulbücher sind auf individualisiertes Lernen gar nicht eingestellt. Manchmal merke ich bei einem Schüler in Klasse 8, dass ihm Grundlagen fehlen, die eigentlich in Klasse 5 dran waren. Andere Schüler sind vielleicht schon viel weiter. Das Schulbuch ist in dieser Hinsicht absolut begrenzt. Es fängt die Schwachen nicht ab, aber es lässt auch die Starken alleine."

Wer wird (Lektüre-)Millionär?

Mit dem Computer lassen sich auch Testen und Leistungsmessung ganz anders angehen. Aber zuerst las-

sen wir uns ein anderes Beispiel aus Leberts Deutschunterricht zeigen. In der 9. Klasse führt die Schule seit
sieben Jahren mit allen Klassen parallel ein „Moodle
Lektüre-Projekt" durch. Am Anfang steht die Buchlek-
türe. Dann bearbeiten Gruppen drei größere Aufgaben,
wobei der Computer in allen drei Aufgaben sehr kreativ
eingesetzt wird:

- In Woche 1 erstellen die Schüler 15 Quizfragen
  zur Lektüre. Nach dem Modell von „Wer wird Mil-
  lionär?" muss die erste Frage sehr einfach und
  die 15. Frage sehr schwierig gestaltet sein. Jede
  Frage muss sich aus der Lektüre beantworten
  lassen. Dabei findet eine vertiefte Auseinandersetzung mit dem Inhalt statt, weil nicht nur die
  richtige Antwort, sondern auch drei falsche, aber
  prinzipiell plausible Antwortalternativen entworfen werden.

- In der zweiten Woche werden die Beziehungen
  zwischen den handelnden Personen aus der Lektüre grafisch dargestellt.

- Und in der dritten Woche geht es um die krea-
  tive Auseinandersetzung mit einem Aspekt der
  Lektüre. Hier erarbeiten die Schülergruppen zum
  Beispiel einen Film oder einen Comic.

Am Ende jeder Woche werden die Ergebnisse der Schülerinnen und Schüler auf der schuleigenen Lernplattform
Moodle veröffentlicht. Dort gibt es dann ein ausformu-
liertes Feedback und eine detaillierte Bewertung entlang
von zuvor festgelegten Kategorien durch die Lehrkraft.
Lebert ist überzeugt: „Hier sieht man, was möglich ist:
ganz andere Aufgabenformate, ganz andere Formen, wie

man Schüler zum Schreiben und zum Denken bringt. Und auch ganz anderes Feedback, als man es sonst typischerweise unter einem Deutschaufsatz findet."

Das Gymnasium Ottobrunn

Man darf nicht glauben, dass Schulleiter Achim Lebert seine Begeisterung aus der Neuheit der Technik heraus begründet. Er ist ein alter Hase. Das Gymnasium Ottobrunn war seit 2007 Teilnehmer am „Innovative School Program" von Microsoft. Notebook-Klassen gibt es bereits seit 2003. Und schon an seiner vorherigen Schule, dem Michaeli-Gymnasium in München, leitete Lebert das Projekt Notebook-Klassen. „Im Jahr 2001 unterrichtete ich das erste Mal in einer Notebook-Klasse. Nach einem Jahr hielt ich diese Form des Arbeitens für absoluten Unsinn. Heute ist das Arbeiten in solchen Klassen für mich zur Selbstverständlichkeit geworden. Das Unterrichten in alten Formen fällt mir zunehmend schwer."

Hat Achim Lebert Vorbilder? „Eigentlich nicht direkt. Man lernt viel aus den eigenen Erfahrungen. Es ist prägend, wenn beim Lernen irgendwann bei Schülern das Fliegen anfängt. Man sieht, dass Schule ganz anders gehen kann, als man sich das bisher gedacht hat."

Leistungserhebung / Test

Noch einmal zurück in die Grammatikstunde. Achim Lebert wollte noch erklären, inwieweit auch die Leistungsmessung durch digitale Medien individueller gestaltet werden kann. „Das hängt nicht nur an digitalen Medien. Insgesamt suchen wir ja nach Formen, wie wir Leistungsmessungen nicht mehr nur punktuell angehen – alle schreiben denselben Test zur selben Zeit. Da geht es viel in Richtung Portfolio, auch da helfen digitale Formen natürlich."

Aber bei Grammatikkenntnissen? „Auch da kann man individuelle Formen finden. Ich gebe am Anfang einer Lerneinheit bekannt, bis wann welche Tests absolviert sein müssen. Und die Schüler entscheiden dann selbst, wann sie soweit sind." Achim Lebert hat dieses Vorgehen inzwischen erweitert. Beispielsweise gehen nur die zwei besten von drei Tests in die Bewertung ein. Oder ein Test kann wiederholt werden, solange der Zeitraum noch nicht abgeschlossen ist. „Und fast alle wollen noch einen Anlauf nehmen", berichtet Lebert. „So kann ich als Lehrer auch noch einmal zusammen mit dem Schüler gucken, wo die Probleme liegen."

Besteht dann nicht die Gefahr, dass Schüler den Test schon kennen, weil sie ihn bei anderen vorher gesehen haben? Auch hier hilft der Computer. Die Schüler gehen zum Testen in einen anderen virtuellen Raum auf der Lernplattform. Der Test wird ihnen erst angezeigt, wenn sie ihn starten – so hat jeder auch exakt gleich viel Bearbeitungszeit. Die Aufgaben werden auch nicht alle untereinander angezeigt, sondern erscheinen immer erst nach der Beantwortung einer Aufgabe. Und schließlich kann das Programm die Fragen jedes Mal nach dem Zufallsprinzip neu anordnen.

Erörterungen als Teamarbeit

Noch ein Praxisbeispiel: In der 8. Klasse steht im Deutschunterricht das Thema Erörterung im Lehrplan. Lebert macht daraus für vier Wochen mit je zwei Doppelstunden eine Art Großraumbüro mit Arbeitsteams. Ihr Auftrag: Am Ende der vier Wochen sollen sie gelernt haben, wie man eine Erörterung schreibt. Den Weg dorthin müssen sie eigenständig gestalten. Die Arbeitsanweisungen sind knapp und klar formuliert:

1. Ihr seid ein gemeinsames Lernteam für den Bereich Deutsch Erörterung.

2. Definiert in eurer Gruppe, in welchen Bereichen

ihr bereits gut seid und wo ihr noch Lernbedarf habt. Erstellt dazu ein entsprechendes Überblicksblatt, wo ihr die verschiedenen Punkte eintragt.

3. Erstellt gemeinsam einen Arbeitsplan, wie ihr eure Ziele erreichen wollt.

Unterstützende Materialien hat Lehrer Lebert in einem Moodle-Kurs bereitgestellt. Außerdem nutzen die Schüler das Internet für weitere Fragen, die der Lehrer nicht voraussehen kann. Lebert: „Es kann sein, dass manche Schüler auf Probleme stoßen, die sich nicht über ein Schulbuch beantworten lassen. Sie haben online ganz andere Quellen." Damit das selbständige Arbeiten gelingt, gibt Lebert Struktur und Leitfragen vor. Die Selbständigkeit steht immer im Vordergrund. So gibt es in den erweiterten Arbeitsanweisungen zum Beispiel den Punkt: „Ihr gebt euch gegenseitig ggf. unterschiedliche Hausaufgaben bzw. fordert vom Lehrer entsprechende Hausaufgaben ein." Die eigentliche Arbeit findet also in den Teams statt. Die Schüler sitzen vor ihren Laptops und schreiben eigene Texte oder lesen Entwürfe ihrer Teammitglieder gegen. Review und Feedback findet zuerst in den Teams statt – und zwar häufig ausführlicher, offener und kritischer als im herkömmlichen Unterricht. Das sieht dann nach einer Mischung aus Lesesaal in der Bibliothek und Großraumbüro aus. Irgendwo mittendrin ist auch Lehrer Lebert als Ansprech- und Gesprächspartner bei Fragen und Problem unterwegs. Außerdem muss er Aufsätze korrigieren „und zwar deutlich häufiger mehr Texte als früher!"

Was kommt am Ende dabei raus? Lebert: „Es gibt keine schlechteren, eher sogar bessere Notendurchschnitte.

> Mir ist etwas anderes noch wichtiger: Man hat auch die Schüler mitgenommen, die sonst kaum aktiv werden oder die im normalen Unterricht häufig abtauchen." Profitieren also vor allem die schwachen oder ruhigen Schüler? Lebert sagt, generell profitierten zunächst die starken Schüler, die schon eigenständig arbeiten und das nun voll ausspielen können. Aber auch für die Schwachen ist diese Arbeitsweise hilfreich. Lebert: „Vielleicht sind die Ergebnisse manchmal auch mager, wenn einem Schüler das selbständige Arbeiten schwerfällt. Aber es muss ja gerade unser Ziel sein, dass auch diese Schüler eigenständig werden! Das ist anstrengender. Und natürlich klappt es auch nicht immer. Manchmal muss man für Einzelne auch mal die Methode wechseln, wenn sie damit gar nicht zurechtkommen."

Teams: Individualisierung und Zusammenarbeit

Die Arbeit in Teams ist etwas, was Lebert beschäftigt. Bei der Arbeit zum Thema Erörterung arbeiten vier Personen zusammen. Es gibt klare Aufgaben. Jede Gruppe muss Aufgaben wie Teamleiter, Hausaufgabenmanager, Qualitätsmanager, Medientutor oder Protokollant festlegen. Leberts großes Ziel: Er möchte Lernteams etablieren, die über längere Zeit zusammenarbeiten. „Warum setzt denn die Wirtschaft auf Teams? Weil es die Effizienz steigert! Weil Wohlbefinden und Motivation steigen und am Ende auch die Ergebnisse! Dafür braucht es Teams, die über längere Zeit stabil bleiben."

Warum ist Lebert das Thema Teams so wichtig? „Wenn man jeden Schüler ganz alleine am Rechner sitzen lässt, dann ist er auch alleine." Droht mit der Individualisierung also tendenziell eine Vereinzelung? „Das steht und fällt mit den Aufgabentypen. Man kann die Laptops so einsetzen, dass jeder Lernende einzeln arbeitet und nur mit dem Lehrer zu tun hat." Entsprechend viel hat dann jeder Lehrer auch zu tun, wenn

25 oder 30 Schüler einzeln mit ihm kommunizieren. Für Lebert ist aber nicht nur die Entlastung für die Lehrkraft wichtig. „Wer in Teams oder auch einfach zu zweit arbeitet, ist im Gespräch. Die Schüler versuchen dann, gemeinsam Probleme zu lösen. Wir müssen Schule so strukturieren, dass es Zusammenarbeit und Dialog gibt. Lernen, Feedback und Kommunikation hängen so eng zusammen!" Bei Achim Lebert setzt sich das auch online fort. Dort gibt es zum Beispiel Aufgabenstellungen, bei denen die Schüler ihrer Ergebnisse in ein Forum stellen und sich gegenseitig Feedback geben müssen.

„Die Schüler in den Dialog bringen!", wiederholt Lebert sein Plädoyer für Teams. „Aber die Zusammensetzung der Teams ist kritisch. Die Wirtschaft gibt da unglaublich viel Geld aus. Schlechte Teams bringen schlechte Ergebnisse." Fast möchte man Achim Lebert ins Wort fallen und sagen: In einem Unternehmen würde wohl auch kein Manager auf die Idee kommen, dass er die Zusammensetzung eines Teams auslosen lässt. Lebert hat daher ein Konzept entwickelt, bei dem sich die Teamleiter freiwillig melden und dann ihre Gruppenmitglieder selbst aussuchen können. Aber Lebert ist schon weiter: „Schüler haben häufig die Möglichkeit, mit Freunden zusammenarbeiten – das mögen sie unglaublich gerne! Das Lernen geht dann ganz heftig nach vorne! Und da kommen phantastische Ergebnisse dabei raus. Die treffen sich dann auch noch am Nachmittag und arbeiten weiter."

Wenn man Lebert über Computer und über Teams im Unterricht sprechen hört, dann kommt einem irgendwann der Verdacht, dass das viel mehr miteinander zu tun haben könnte. Tatsächlich hat Lebert eine Erklärung, warum seine beiden Lieblingsthemen in der Schule eher die Ausnahme als die Regel sind: „Computer haben sich in der Wirtschaft deswegen durchgesetzt, weil sie hervorragend geeignet sind, ein selbstorganisiertes Arbeiten in Teams zu unterstützen. In den Schulen haben sie sich deswegen nicht durchsetzen können, weil diese immer noch stark von der alten Belehrungskultur bestimmt ist und noch zu sehr der passive Zuhörer im Vordergrund steht."

Klassenarbeit mit dem Computer schreiben

Das Ottobrunn-Gymnasium ist auf dem Weg, Medien und Schulkultur gleichzeitig umzubauen. Achim Lebert ist ein Schulleiter, der die Sache vorantreibt. Gleichzeitig weiß er, dass solche Umbauten nicht eine Sache von zwei oder drei Jahren sind. Schon vermeintlich kleinere Umstellungen wie die von Stift zu Tastatur sind mühsam. Ein Beispiel:

Vergleicht man schriftliche Arbeiten, die mit dem Computer erstellt wurden, mit solchen, die mit dem Stift auf Papier gebracht wurden, sieht Lebert: „Die Schüler schreiben mit der Tastatur durchschnittlich ein Drittel Text mehr – vorausgesetzt, dass sie mit 10 Fingern tippen können. Auch die Qualität nimmt zu, weil im digitalen Text Umstellungen, Ergänzungen und Überarbeitungen viel einfacher sind.

Die Schüler am Gymnasium Ottobrunn schreiben auch Klassenarbeiten mit dem Notebook. Bis zur 8. Klasse werden die Grundlagen dafür gelegt: Jeder Schüler muss das 10-Finger-Schreiben beherrschen. Wer will, kann manche geeignete Leistungserhebungen ab Klasse 8 am Rechner schreiben. In Klasse 9 und 10 ist der Computer Standard – aber danach wird wieder auf Papier und Stift umgestellt. Grund sind die Abiturprüfungen. Die dürfen nämlich in Bayern und in ganz Deutschland nicht mit dem Computer geschrieben werden. Damit Schüler ihre Arbeitsweise nicht zu sehr umstellen, müssen sie in 11 und 12 bei Klassenarbeiten auf das Notebook verzichten.

Nicht alle finden das richtig. Vor einigen Jahren hat sich ein Schüler sogar an einen Landtagsabgeordneten gewandt, um das zu ändern. Vergebens. „Schulen sind da anachronistisch aufgestellt. In der Wirtschaft würde niemand auf die Idee kommen, irgendwas Relevantes mit der Hand zu schreiben.", kritisiert Lebert. Gleichzeitig zeigt er, der selbst früher sechs Jahre lang im Bayerischen Kultusministerium arbeitete, Verständnis: „Das System Schule und auch die Universität sind dafür insgesamt einfach noch nicht vorbereitet. Die Sachaufwandsträger müssten dann natürlich auch für eine angemessene Ausstattung mit IT an den Schulen sorgen. Doch langsam erreicht die neue Wirklichkeit den Staat und auch die Schulen."

Eckdaten zur Person und Schule

 Achim
Lebert

Fächer:

- Deutsch, Geschichte, Sozialkunde

Schule:

- Gymnasium Ottobrunn (München)
- ca. 1.150 Schülerinnen und Schüler
- ab 2007 Teilnahme am Microsoft Innovative School Program
- von 2010 bis 2015 Zertifizierung als MODUS-Schule mit Möglichkeit von der Schulordnung abzuweichen
- Zertifizierungen als MINT-freundliche Schule, MINT_EC-Schule in 2014, Umweltschule 2015, Schule ohne Rassismus 2015
- Notebook-Klassen seit 2003

- Auslagerung der Schule von 2013 bis Februar 2016 nach Höhenkirchen-Siegertsbrunn bis Fertigstellung des Neubaus im Februar 2016

**Aufgaben
in der Schule:**

- Schulleiter
- IT-Gruppe im Neuaufbau durch Weggang von Kollegen und neuen Systembetreuer

Berufsbiographie

- **1987** Referendariat
- **1989** Lehrer für Deutsch, Geschichte, Sozialkunde, Albertinum Coburg
- **1995 – 2000** Mitarbeiter am Staatsministerium für Unterricht und Kultus
- **2000 bis 2005** Stellvertretender Schulleiter am Michaeli-Gymnasium München, zugleich Projektleitung Notebook-Klassen
- **Seit 2005** Schulleiter am Gymnasium Ottobrunn
- **2003–2005** Mitarbeit im Arbeitskreis Notebook des Instituts für Schulpädagogik
- **2005–2007** Mitglied im Arbeitskreis des Staatsinstituts für Schulpädagogik zur Einführung der P-Seminare in Bayern

Links

Homepage der Schule: **www.gymnasium-ottobrunn.de**

Blog von Achim Lebert: **http://warumistdieschulekrumm.de/** †

Initiative „Tage des digitalen Lernens":
www.tag-des-digitalen-lernens.de †

Präsentationsfolien „Diagnoseorientiere individuelle Förderung mit Lernplattformen" von Achim Lebert:
http://slideplayer.org/slide/666875/

07
von
10

AUSWEITUNG DER THEMEN UND LERNWEGE

DIGITALE MEDIEN
IM UNTERRICHT VON FELIX SCHAUMBURG-BLUM

Wattenmeer und Galapagos in Uellendahl-Katernberg

Nur zwei Worte stehen zu Beginn an der Tafel: „Wattenmeer" und „Galapagos". Das ist der knappe Input, den
Felix Schaumburg-Blum seiner 6. Klasse im Fach Gesellschaftslehre gegeben hat. Schaumburg-Blum hat gerade anhand des Zillertals den Zusammenhang zwischen
Tourismus und Ökologie erarbeitet. Jetzt geht es um die
Vertiefung. Die Aufgabenstellung zu den zwei Begriffen
an der Tafel ist allgemein gehalten: „Entscheidet Euch für
einen der beiden Begriffe. Tut Euch zu zweit oder dritt
zusammen und recherchiert mögliche Fragestellungen
zum Thema Tourismus und diesem Begriff." Die Schüler
legen los, ausgestattet mit Tablets oder Smartphones.
Sie haben zwei Stunden Zeit.

Die Gesamtschule Uellendahl-Katernberg in Wuppertal ist erst zwei Jahre alt. Felix Schaumburg-Blum gehört zum Gründungsteam, die Sechstklässler zum ersten
Jahrgang der neuen Schule. Sie hat noch provisorische
Räume, aber immerhin schon überall WLAN. Die Schule
setzt auf das Konzept „Bring Your Own Device (BYOD)",
nach dem die Schüler auch in der Schule ihre eigenen
Geräte nutzen können. Die Smartphone-Dichte in der 6.

Klasse liegt bei 80 bis 90 Prozent. Ein Computerraum ist nicht vorgesehen. Mit den Mitteln hat die Schule stattdessen mobile Gerätewagen mit Tablets angeschafft, aus denen die Schüler sich bei Bedarf bedienen. Alle Arbeitsergebnisse, egal auf welchem Gerät sie erarbeitet wurden, müssen auf dem schulischen Dateiserver gespeichert werden.

Die Recherche der Sechstklässler verläuft unspektakulär. Die Schüler geben meist „Wattenmeer" oder „Galapagos", manchmal noch „Tourismus" als Suchbegriffe bei Google ein, schauen sich die ersten Ergebnisse an und versuchen, daraus zentrale Inhalte festzuhalten. Das soll eine effiziente Methode sein, um sich das Thema „Massentourismus oder sanfter Tourismus" zu erschließen? Wahrscheinlich ginge das schneller, wenn man alleine auf die fachliche Ebene blickt. Aber Felix Schaumburg-Blum geht es in der 6. Klasse gerade um mehr: „Es dreht sich nicht nur um das Thema Wattenmeer oder Galapagos. Die Schüler lernen in diesen zwei Stunden auch etwas über die Recherche mit Google, über das Zusammenfassen von Informationen, über das Erschließen eines neuen Themas, über Zusammenarbeit, über Zeitmanagement und anderes mehr. In einer 6. Klasse muss ich da stark unterstützen. Ich kann nicht nur sagen ‚Recherchiert mal' und mich dann zwei Stunden zurücklehnen."

Und so ist der Lehrer ständig in der Klasse unterwegs, schaut über Schultern und fragt nach, gibt Tipps und berät die Schüler in ihrem jeweiligen Arbeitsschritt. Oft setzt er sich zu einer Gruppe und bespricht mit ihnen das aktuelle Thema oder Fragen zum Vorgehen. So vielfältig bei dieser Arbeitsweise die thematischen Aspekte sein können, so unterschiedlich sind auch die Arbeitsmittel. Manche Gruppen recherchieren auf einem Tablet und dokumentieren auf einem zweiten Gerät in einer Textverarbeitung oder einem Präsentationsprogramm.

Andere wiederum nutzen Papier für ihre Notizen. Lehrer Schaumburg-Blum macht hier keine Vorgaben: „Wir haben eine gemeinsame Ausgangsbasis und ein gemeinsames Ziel – aber die Wege zum Ziel sollen die Schüler individuell gestalten."

„Die Grenzen für das individuelle Lernen ausweiten"

Die Gesamtschule Uellendahl-Katernberg ist eine staatliche Neugründung. Das pädagogische Konzept wurde von einem Team von Lehrern entwickelt, die wie Schaumburg-Blum vorher an einer anderen Gesamtschule in Wuppertal arbeiteten, die 2015 mit dem Deutschen Schulpreis ausgezeichnet wurde. Was treibt einen Lehrer wie Felix Schaumburg, der doch offenbar an einer hervorragenden Schule gearbeitet hat, viel Energie in einen Neuanfang zu stecken? Schaumburg-Blum sagt: „Ich will die Grenzen für das individuelle Lernen ausweiten. Wenn man der konstruktivistischen Lerntheorie folgt und anerkennt, dass Lernen immer individuell ist, dann kommt man schnell an die institutionellen Grenzen. Eigentlich müssen wir Fächer und Altersstufen auflösen. Mit der Umsetzung über die drei Säulen Lernbüro, Projekt und Werkstatt können wir das hier ein Stück weit entwickeln."

Im Fach Gesellschaftslehre kommt die Recherchephase zum Ende. Zunächst gleichen die Gruppen mit demselben Oberbegriff „Wattenmeer" oder „Galapagos" ihre Ergebnisse untereinander ab. Anschließend präsentieren die Gruppen mündlich und ohne Präsentationstechnik ihre Ergebnisse vor der Klasse. Rund um die Begriffe „Wattenmeer" und „Galapagos" stehen nach den zwei Stunden Recherche viele verschiedene Aspekte an der

Tafel. „Ich sammle manchmal analog an der Tafel und manchmal digital mit einer Mindmap. Der Vorteil des Digitalen zeigt sich bei komplexeren Themen, wo ich digital einfach besser verschieben und clustern kann. Außerdem lässt sich das Ergebnis digital einfacher dokumentieren." Aufbauend auf diese Themensammlung entwickelt Schaumburg-Blum jetzt in einem Unterrichtsgespräch die Konzepte von Massentourismus und sanftem Tourismus weiter.

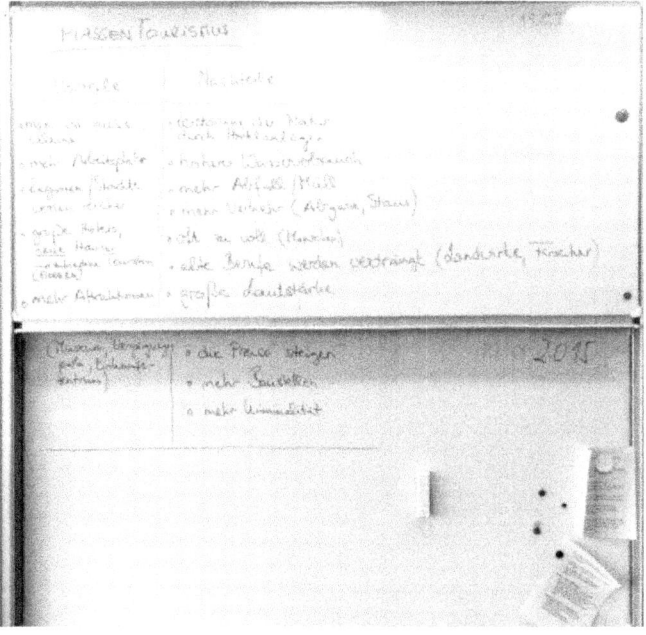

Tafelbild zum Massentourismus
Foto: Felix Schaumburg-Blum

Plädoyer für den Kontrollverlust

Wie plant man so ein Unterrichtsgespräch, wenn die Ergebnisse der Recherche vorab nicht feststehen? Schaumburg-Blum: „Bei der Online-Recherche verliere ich als Lehrer völlig die Kontrolle über die Inhalte.

Massentourismus auf Galapagos und am Wattenmeer
Foto: Felix Schaumburg-Blum

Die Schüler finden mehr Wissen, als ich als Lehrer haben könnte. Auch das ist neu und verändert meine Rolle als Lehrer." Schaumburg-Blum hat gelernt, mit diesem Kontrollverlust des individuellen Lernens umzugehen. Gleichzeitig sieht er bei vielen Kollegen hier große Vorbehalte. Viele würden stärker strukturierte Methoden wie z.B. WebQuests vorziehen, die die Inhalte und das Vorgehen im Detail vorgeben. Schaumburg kann damit wenig anfangen: „Das WebQuest ist als Einstieg gut, stößt aber sehr schnell an seine Grenzen. Es ist ein digitales Arbeitsblatt. Nicht mehr." Er plädiert für den Kontrollverlust: „Wer sich von der rein fachlichen Ebene löst, wird zum echten Didaktiker. Er bietet die Möglichkeit an, auch etwas über den Weg zu lernen: über die Art und Weise des Arbeitens, zum Beispiel To Do-Listen, Quellenbewertung, Projektmanagement."

Der Unterricht als BarCamp

Im Fach Gesellschaftslehre geht es eine Woche später mit einer neuen Aufgabenstellung weiter: „Entwickelt ein Konzept, wie man im Wattenmeer / auf Galapagos sanften Tourismus umsetzen kann!" Wieder haben die

Schüler zwei Stunden Zeit und müssen am Ende präsentieren. Dieses Mal jedoch nicht (nur) mündlich, sondern mit einem vorzeigbaren Produkt. Das kann eine Präsentation oder eine Grafik sein, die digital erstellt wurde. Oder auch eine Zeichnung auf Papier. Mit dem Tablet als Dokumentenkamera wirft Schaumburg-Blum dann das Analoge über den digitalen Beamer an die Wand. Die Produkte sind die Grundlagen einer gemeinsamen Diskussion in der Klasse, die am Ende der Unterrichtseinheit steht. Schaumburg-Blum erzählt begeistert von den Konzepten, die dort entwickelt werden: „Es ist enorm, welche Kreativität und Motivation freigesetzt werden kann, wenn die Kinder ihre eigenen Ideen verfolgen können. Dabei kommt es überhaupt nicht drauf an, ob die Ergebnisse in digitaler oder analoger Form vorliegen. Das Digitale erweitert einfach die Möglichkeiten."

Die Ergebnispräsentationen erfolgen immer mit der ganzen Gruppe. „Damit verhindere ich, dass einzelne Schüler sich in den Gruppenphasen vollkommen zurückziehen. Jeder weiß, dass am Ende alle mit dem Ergebnis vorne stehen." Wie passt das zusammen – einerseits große Offenheit bei der Recherche, andererseits klare Vorgaben, z.B. wer präsentiert und wo Dateien gespeichert werden? „Von der Idee her denke ich Unterricht wie ein BarCamp. Auch wenn ich es nicht so nenne. Ich will eine feste Struktur schaffen, aber innerhalb dieser Struktur größtmögliche Freiräume für eigene Interessen und individuelle Lernwege ermöglichen."

Auf die Frage, wie er seine Unterrichtsmethoden näher beschreiben würde, reagiert Schaumburg-Blum nachdenklich: „Wenn etwas durchmethodisiert ist, finde ich das ganz furchtbar. Wenn ein Raster meine eigenen Fragen nicht zulässt, dann fühle ich mich beim Lernen behindert." Gleichzeitig ist ihm wichtig, dass es immer auch einen roten Faden gibt, dem man folgen kann, wenn man keinen eigenen Faden spinnen mag. Immer wieder findet man diesen Spagat in Schaumburg-Blums Unterricht: Großen Freiraum ermöglichen und gleichzeitig ausreichend Halt bieten. Digitale Medien sind immer dabei, ohne dass sie der Ausgangs- oder Mittelpunkt der Überlegungen wären.

Das Ende der Ressourcenlimitierungen

„Das ist nicht gerade revolutionäre Didaktik, oder?", lacht Schaumburg-Blum im Gespräch über seinen Unterricht. „Individualisierung ist für mich digital nicht unbedingt etwas Anderes als analog. Alle Möglichkeiten waren prinzipiell schon vorher da. Man konnte prinzipiell auch ohne digitale Medien den Lernenden große Informationssammlungen zur Verfügung stellen, Texte, Videos, Arbeitsblätter etc. Aber das waren dann wahre Materialschlachten mit riesigem Aufwand."

Schaumburg-Blum beschreibt das gleiche Muster auch auf der Ebene der Mittel, mit denen Schüler im Unterricht Lernprodukte erstellen können. Auch ohne Smartphone und Tablet konnte man ja Videos und Radiosendungen, Texte und Zeichnungen, Wandzeichnungen und Foto-Collagen anfertigen. „Man konnte prinzipiell auch ohne digitale Medien verschiedene Produkte erstellen lassen. Das war total wertvoll, aber unglaublich aufwändig. Das ging vielleicht einmal im Jahr in der Projektwoche. Jetzt habe ich das Universalwerkzeug Tablet. Ich habe alles zur Verfügung und kaum noch Limitierungen."

Das Ende der Begrenzungen, sowohl auf der Ebene der Materialien wie auch bei den Werkzeugen für Lernprodukte – das ist für Schaumburg-Blum der Kern des Digitalen. Hier sieht er die Chancen für Individualisierung und Differenzierung. „Die Schüler können eigene Themen bearbeiten und eigene Arbeitsformen wählen – und zwar unabhängig davon, welche Materialien und Werkzeuge ich als Lehrender vorbereitet habe. Das ist die große Veränderung! Individuelle Lernarrangements werden durch digitale Medien nicht erst ermöglicht, aber deutlich erleichtert. Es ist dann nicht mehr eine Frage der Ressourcen, sondern ‚nur noch' eine Frage der Kompetenz der Lehrenden und eine Zeitfrage auf Unterrichtsebene."

Auch wenn Schaumburg-Blum natürlich Recht hat, wenn er sagt, dass Individualisierung auch ohne digitale Medien möglich und jetzt nur viel einfacher geworden ist, so ist der Unterschied dennoch nicht nur graduell. Frei nach dem naturwissenschaftlichen Postulat „More is different" des Physik-Nobelpreisträgers P. W. Anderson kann man vermuten: Wenn der quantitative Unterschied eine bestimmte Größe erreicht, so verändert sich auch die Qualität eines Gegenstands. Mit digitalen Medien lässt sich eben doch nicht das Gleiche wie vorher machen, nur jetzt einfacher, schneller und bunter. Mit digitalen Medien funktioniert die informationelle Welt so radikal anders als vorher, dass auch das Lernen und Lehren grundsätzlich neu gedacht werden kann.

Manche Fächer sind freier als andere

Felix Schaumburg-Blum nennt sich selbst „einen schlechten Didaktiker oder Methodiker". Er scheint grundsätzlich mit der Idee der Methodik zu fremdeln: „Jede Methode raubt den Schülern mögliche individuelle Lernwege." Gleichzeitig hält er nicht alle Fächer für gleichermaßen geeignet für individuelles Lernen und sieht entsprechend andere Potentiale für digitale Medien. Im Fach Gesellschaftslehre, das Themen aus den Bereichen Erdkunde, Geschichte und Politik bearbeitet, gibt es eine höhere Freiheit in der Bearbeitung eines Themas. Hier geht es für Schaumburg-Blum eher um allgemeine Kompetenzen als um konkrete Inhalte. Ziel des Unterrichts ist häufig die Entwicklung eines Lernprodukts. Dabei können die Themen weiter gefasst, die Arbeitsprodukte vielfältiger und die Wege dahin offener sein.

Anders verhalte es sich in den Hauptfächern Mathe, Deutsch und Englisch, die an Schaumburg-Blums Schule als Lernbüro organisiert sind. Hier stehen Basiskompetenzen im Vordergrund, die auf einen fachlicher Kanon aufbauen. Dabei gibt es zum einen Inputphasen für alle, zum anderen die Arbeit an vorgegebenen Lernbausteinen. Diese Arbeit ist zwar im Lernbüro so organisiert, dass Schüler sich individuell für Reihenfolge und Schwerpunkte entscheiden. Aber letztlich sind die Inhalte, die innerhalb eines Schuljahres bearbeitet werden, vorgegeben. Auch die Arbeitsformen sind in der Regel vorgegeben. Das Lernbüro ist für Schaumburg-Blum also einerseits „die höchste Form der Individualisierung", andererseits sind Inhalte und Formen jedes einzelnen Bausteins vorgegeben. Von daher sieht Schaumburg-Blum hier auch nicht die größten Potenziale für digitale Medien in seiner Schule: „Natürlich könnte man alles auch in einer Online-Plattform wie Moodle umsetzen. Man könnte viel mehr auf das Lernen mit Apps setzen. Aber das wäre dann nicht primär eine Förderung von Individualisierung. Vielleicht kann man bei den Tests ansetzen, die zu individuellen Zeitpunkten geschrieben werden können. Digital ließe sich häufiger testen und schnellere Rückmeldung geben. Aber das wollen wir gar nicht unbedingt. Wir wollen Lernprozess und Prüfung voneinander trennen. Wir wollen, dass man beim Üben anonym Fehler machen kann – digital ist das schwierig."

So wird das Material für die Lernbüros zwar digital und in Arbeitsteilung erstellt, aber weiterhin auf Papier verteilt. „Digitalisierung könnte hier vieles bequemer machen. Aber das ist auch eine Ressourcenfrage," sagt Schaumburg-Blum. „Zu viel Digitalisierung auf einmal überfordert manche Kollegen einfach."

Und so sieht Felix Schaumburg-Blum die Potentiale für den Einsatz digitaler Medien zuvorderst in offeneren Arbeitsformen und Projektarbeiten, bei denen eine freiere Themenwahl und die Gestaltung eines Lernprodukts im Vordergrund stehen. Beim Lernen, in dem nicht nur fachliche Kompetenzen, sondern auch Soft Skills und übergreifende Kompetenzen zu den Lernzielen gehören, besteht die Gefahr, dass Lerner von der Offenheit und möglichen Ablenkungen überfordert sind und die zugemutete Selbständigkeit ablehnen? „Das passiert schon. Aber das hat meist nichts mit den Medien zu tun, sondern mit Grundsätzlicherem. Meistens passiert das Gegenteil: Schüler kommen beim selbständigen Arbeiten in einen Flow. Sie sind häufig vom Ende der Stunde überrascht und sagen: ‚Oh, das ging jetzt aber schnell!' Wenn Schüler fragen, ob sie noch etwas weiter arbeiten können, dann ist das das beste Feedback, das mal als Lehrer bekommen kann."

Eckdaten zur Person und Schule

Felix
Schaumburg-Blum

Fächer:

- Chemie, Sozialwissenschaften in Sek I und II,
- Neue Technologien

Schule:

- Gesamtschule Uellendahl-Katernberg in Wuppertal,
- Schule im Aufbau mit 405 Schülerinnen und Schülern im dritten Schuljahr (2015-2016).
- Voll Inklusiv.

**Aufgaben
in der Schule:**

- Koordination Medien
- stellvertretende Schulleitung (kommissarisch)

Berufsbiographie

- Referendariat bis 2008 und Lehrer bis 2013 an der Gesamtschule Barmen (Wuppertal)
- Seit 2013 Gesamtschule Uellendahl-Katernberg: Mitglied im Gründungsteam der Schule. Aufbau einer inklusiven Schule mit Lernbüros, Werkstätten und Projekten.

Links

Homepage der Gesamtschule Uellendahl-Katernberg in Wuppertal: **www.ge-nord.de**

Privater Blog „EduShift – Laut gedacht" von Felix Schaumburg-Blum: **www.edushift.de**

Felix Schaumburg-Blum auf Twitter: **https://www.twitter.com/schb**

08

von

10

ETHIK-BLOG UND GEOGRAPHIE-WIKI

DIGITALE MEDIEN
IM UNTERRICHT VON MANDY SCHÜTZE

Sechs Quadratmeter
Rückmeldungen zu den Hausaufgaben

Würde man die Rückmeldungen zur Hausaufgabe „Wirkungsgefüge zum Stadtklima" ausdrucken, wäre die notwendige Leinwand ca. 2×3 Meter groß. Sieben oder acht Schüler könnten also gleichzeitig davor stehen und die Ergebnisse anschauen. Sie könnten nicht nur sichten, was ihre Lehrerin Mandy Schütze bei ihren eigenen Aufgaben kommentiert hat, sondern auch die Entwürfe ihrer Mitschüler und das Feedback dort. Das wäre praktisch, denn so könnten sie zusätzlich voneinander lernen. Es würde ihren individuellen Interessen entgegenkommen, denn während die eine Schülerin nach allgemeinen Anregungen in den Entwürfen sucht, will der andere Schüler vergleichen, was Andere zu genau dem Punkt geschrieben hat, der bei seiner Arbeit noch zu kurz gekommen war.

Es gibt zwei logistische Probleme: Zum einen muss man erst einmal 2×3 Meter Leinwand schaffen. Und dann sollen nicht sieben oder acht, sondern 25 Schüler gleichzeitig davor stehen und nach eigenen Schwerpunkten und Zusammenhängen suchen können. Und das am besten auch noch vertiefend im Rahmen der Hausaufgaben. Es bräuchte also für alle 25 Schüler je eine Kopie der 2×3 Meter Leinwand. Oder eine digitale Lösung.

Wir befinden uns im Geographie-Kurs am Gymnasium im beschaulichen Gerabronn: 25 Schüler von Lehrerin Mandy Schütze haben je ein Wirkungsgefüge zum Thema Stadtökologie entworfen. Auf Papier. Dann haben sie mit ihren Smartphones die eigenen Ausarbeitungen abfotografiert und an Lehrerin Schütze geschickt. Ihre Lehrerin arrangierte alle Fotos nebeneinander auf einer großen (virtuellen) Leinwand des Internetdienstes „Conceptboard[24]". Mithilfe von (virtuellen) Post-Its und (virtuellen) Pfeilen kommentierte sie dann die Schülerarbeiten. Anschließend gab sie den Link zum Gesamtwerk an ihre Schüler frei. Diese können nun in Ruhe die Ergebnisse sichten – nicht auf 2×3 Meter Papier, sondern einfach auf dem Bildschirm ihrer Computer, zu Hause oder im Klassenraum.

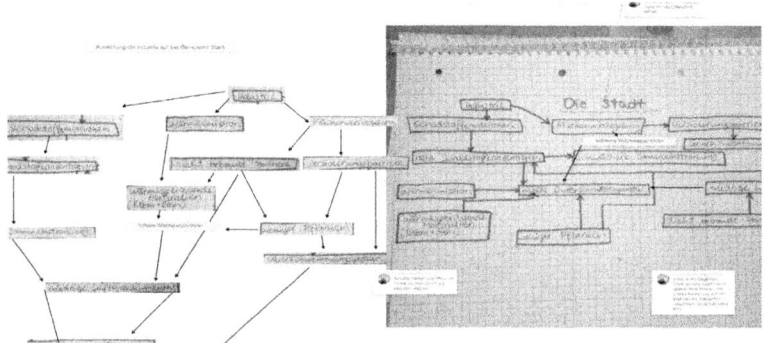

Rechts das auf Papier erstellte Wirkungsgefüge, das digital fotografiert und kommentiert wurde. Links ein digitaler „Remix" durch die Lehrerin als Feedback. Foto: Mandy Schütze

Das ist nicht nur ein logistischer, sondern auch ein pädagogischer Vorteil, findet Mandy Schütze. „Das Feedback ist für die Schüler so viel intensiver. Sie können sich alles in Ruhe nach eigenen Schwerpunkten angucken. Wenn die das so machen, haben sie total viel über Wirkungsgefüge gelernt!"

Mandy Schütze hat ihr Conceptboard so eingestellt,

dass die Schüler ohne Anmeldung eigene Post-Its ergänzen und so eigene Anmerkungen hinzufügen können.
Oder sie können direkt am Kommentar Rückfragen zum
Lehrer-Feedback stellen. Danach beginnt eine Überarbeitungsrunde. Schüler können auf der digitalen Leinwand auch einzelne Elemente aus den verschiedenen
Wirkungsgefüge-Darstellungen kopieren und neu zu-
sammensetzen. So lernt man nicht nur mehr über Wirkungsgefüge, sondern gleich auch sinnvolles Arbeiten
mit Copy & Paste.

Frau Schütze in Raum 78

Mandy Schütze unterrichtet Geographie und Ethik. Ihre Stunden finden
meistens in Raum 78 statt – der einzige Klassenraum der Schule, in dem
es nicht nur ein interaktives Whiteboard, sondern auch sechs Computer
mit Internetzugang gibt. Eigentlich ist der Raum Mandy Schütze nicht
fest zugeordnet. Allerdings ist die Konkurrenz überschaubar. „Ich habe
nicht so viele Kollegen, die da ständig rein wollen", berichtet Mandy
Schütze. „Im Kollegium weiß man: ‚Frau Schütze ist die, die mit den
Medien arbeitet.'"

In letzter Zeit gibt es verstärkt Nachfragen von anderen Lehrern:
„Sag mal, wie machst Du das denn? Kannst Du mir das mal erklären?"
Während die Nachfrage bei Fortbildungsangeboten zu digitalen Themen überschaubar war, kommen die Nachfragen inzwischen häufig
im Alltag. Im Lehrerzimmer des Gymnasiums Gerabronn stehen die
Computerarbeitsplätze so, dass die Kollegen auf dem Weg zu Kaffeema-
schine daran vorbei müssen. „Da gucken die einem dann häufig über
die Schulter und fragen nach."

Auch jenseits der Schule ist Mandy Schütze in Sachen Zusammenarbeit zwischen Lehrern aktiv. Sie führt bereits seit 2002 ihr eigenes
Blog unter frauschuetze.de[25]. Seit 2009 arbeitet sie im Vorstand der
Zentrale für Unterrichtsmedien, kurz: ZUM e.V.[26] Dort übernimmt sie
die Kommunikation und arbeitet in verschiedenen Wiki-Projekten mit.

Willkommen! **Blog** über mich Impressum

26. Oktober 2002 *by* frauschuetze

0

erster test ... ob das wohl funktionieren wird???

Categories: Internet, sonstwas

Screenshot des ersten Artikels von Frau Schütze aus 2002.
(Nicht unter freier Lizenz)

Geographie-Wiki: ein gemeinsames Schulheft der ganzen Klasse

Wikis setzt Mandy Schütze auch im Unterricht ein, z.B. im Geographie-Kurs in den Stufen 11 und 12. Jeder Kurs bekommt ein eigenes Wiki, das mittels Passwort nur für Lehrerin und Schüler zugänglich ist. Gleich in der ersten Stunde im neuen Kurs stellt Mandy Schütze den Schülern die Grundidee vor: „Das Wiki ist unser gemeinsames Heft. Hier kommt alles rein, was wir behandeln und was wir vereinbaren."

Schüler und Lehrer füllen das Wiki nun zwei Jahre lang gemeinsam mit Inhalten. Bereits zu Beginn steht die Stundenstruktur für das kommende Schuljahr im Wiki. Die Schüler haben so eine Orientierung, wann welche Themen anstehen werden. Im Mittelpunkt der Arbeit steht die Dokumentation der Unterrichtsinhalte. Jede Stunde ist ein anderer Schüler dafür zuständig, einen entsprechenden Eintrag ins Wiki zu schreiben. Dies geschieht noch im Unterricht. Während Phasen der Ergebnissicherung wird der entstehende Artikel mittels Beamer gezeigt, so dass Schüler und Lehrerin die Ergebnisse „live" gemeinsam dokumentieren. Dazu gehört auch, dass auf Papier erarbeitete Ergebnisse wie Plakate abfotografiert und ins Wiki hochgeladen werden.

Häufig trägt Lehrerin Schütze dann nach der Stunde noch Inhalte nach, zum Beispiel Arbeitsblätter, Links zu weiteren Materialien, Videos oder Podcasts zum Thema. Außerdem sorgt sie dafür, dass die Inhalte korrekt sind. „Die Schüler sollen sich darauf verlassen können, dass das stimmt, was im Wiki steht. Schließlich ist es ihre Grundlage für Nacharbeiten und Wiederholen, auch wenn sie mal fehlen. Und nicht zuletzt ist es die Vorbereitung für die Abiturprüfung." Das „gemeinsame Heft" Wiki wird im Kurs durchgängig genutzt, so dass vor den Abschlussprüfungen alle Inhalte dort an einer zentralen Stelle zu finden sind.

Anhand von Klausuren und Prüfungen erkennt man, wie das gemeinsame Wiki organisatorische Fragen erleichtert sowie Verbindlichkeit und Klarheit erhöht. „Früher gab es kurz vor den Prüfungen stets eine Welle von Nachfragen der Schüler. Ich habe dann dieselben Fragen drei- oder viermal beantworten müssen, entweder am Lehrerzimmer oder per E-Mail. Jetzt werden alle Fragen und Antworten an zentraler Stelle im Wiki gesammelt", erklärt Mandy Schütze. „Die Schüler kommen auch nicht in die Situation, dass sie bestimmte Inhalte nicht mehr in ihren Unterlagen finden. Und es kann auch kein Schüler mehr sagen: ‚Das hatten wir aber nie besprochen!' Alles ist im Wiki für alle dokumentiert."

Auch Gruppenarbeiten werden im Wiki verschriftlicht. Jede Arbeitsgruppe bekommt eine eigene Wiki-Seite, so dass bei Präsentationen vor der Klasse alle Inhalte im Wiki dokumentiert sind. Gibt es längere Phasen selbständigen Arbeitens, so werden Zwischenergebnisse im Wiki abgespeichert. So hat die Lehrerin stets einen Überblick, wo die einzelnen Gruppen gerade stehen. Für individuelles Üben können interaktive Lernmodule zum Beispiel von WebGeo.de[27] über das Wiki bereitgestellt werden.

So bietet das Wiki gleichermaßen Funktionen für die gemeinsame Arbeit wie für vertiefende Individualisierung.

Wie hoch ist der Zusatzaufwand, der man als Lehrerin investieren muss? „Für mich ist er nicht wirklich höher als vorher. In mancherlei Hinsicht spare ich sogar Zeit. Ich kann zum Beispiel Inhalte von einem Kurs einfach in einen anderen kopieren." Man merkt, dass Mandy Schütze ein Fan von Wikis ist. Gibt es für sie gar keine Nachteile? „Diskussionen im Wiki funktionieren nicht. Das haben wir probiert, aber es ist zu unübersichtlich." Und was sagen die Schüler zum Wiki? „Die sind schon davon überzeugt. Ein Jahrgang hat zum Abitur sogar die Abizeitung mit einem Wiki gestaltet, weil sie es so praktisch fanden."

Reflexion

Ist das Wiki also das perfekte gemeinsame Schulheft? Mandy Schütze ist selbst noch auf der Suche nach einer Antwort: „Mir ist selbst noch nicht klar, inwieweit ein gemeinsames Heft wirklich die eigenen Hefte ersetzen kann. Eigentlich brauchen die Schüler gar kein eigenes Heft mehr. Dennoch führen viele Schüler parallel einen Hefter, in den sie auch ausgedruckte Inhalte aus dem Wiki einfügen und in dem sie individuelle Mitschriften anfertigen. Die vergleichen sie dann zu Hause noch einmal mit dem Wiki. Ich finde gerade erst heraus, inwieweit das für das Lernen notwendig ist."

Ethik-Weblog – „Da steppt der Bär im Blog!"

Fachwechsel. In den Ethik-Kursen von Mandy Schütze gibt es zwei Jahre lang keine Hausaufgaben – aber ein Weblog. Für dieses Blog gibt es klare Vorgaben: Jeder Schüler muss pro Halbjahr einen eigene Artikel veröffentlichen, der sich zum Diskutieren eignet, fünf Kommentare zu anderen Artikeln verfassen und eine Mitschrift zu einer Unterrichtsstunde schreiben. Die Inhalte im Blog fließen auch in die Benotung mit ein.

Das Blog „Ethik13[28]" entstand 2011. (Der Name rührt daher, dass es sich um den Abitur-Jahrgang 2013 handelte.) Zum Ende der Schulzeit haben die Schüler entschieden, dass das Blog vom nächsten Kurs fortgesetzt werden sollte, und so wurde das Blog schon mehrfach „vererbt" und fortgeführt.

Zum Einstieg mit dem Blog steht am Anfang von Jahrgang 11 eine Einführung an. Mandy Schütze zeigt hier weniger die Technik („Das ist so intuitiv, da braucht es minimalen Input."), sondern stellt vor allem die Grundsatzfragen: Soll das Blog öffentlich geführt werden? Warum sollen die Schüler mit Pseudonymen arbeiten? Was muss in Sachen Urheberrecht beachtet werden?

Für die eigenen Artikel steht den Schülern sowohl der Inhalt als auch der Zeitpunkt frei. Bei den Themen stehen die „Weltverbesserungsthemen" ganz vorne: Vegane Ernährung, Textilwirtschaft, Schulnoten … „Das sind die Themen, die die Schüler auch so beschäftigen", erklärt Schütze. „Da gibt es immer wieder Wechselwirkungen aus analoger und digitaler Welt. Die diskutieren etwas in der Cafeteria und dann entscheidet sich jemand, das Thema in einem Blogbeitrag zu vertiefen. Und dann setzt sich die Diskussion im Blog und in der Cafeteria fort." Auch zwischen den Unterrichtsthemen und den Blogthemen gibt es immer wieder Bezüge.

Die Schüler schreiben ihre eigenen Artikel und Kommentare zu Hause und können selbst entscheiden, wann im Halbjahr sie ihre Beiträge veröffentlichen. „Ich sage fast jede Woche: ‚Macht das nicht alle auf den letzten Drücker!'" Aber genau so kommt es: Die Hälfte macht es in den letzten Wochen. „Da steppt dann der Bär im Blog!

Das macht richtig Spaß! Und ich denke mir: ‚Das könnten wir auch früher haben.‘ Aber so ist das bei individuellem Zeitmanagement. Die Schüler sollen ja lernen, sich die Zeit frei einzuteilen.“

Wenn man sich das gesamte Blog anschaut, wird ein zusätzliches Potential deutlich: Es gibt immer häufiger Bezüge über die Zeit hinweg. Schüler können ja nicht nur sehen, was die Jahrgänge vor ihnen gemacht und diskutiert haben, sondern die Diskussion über neue Kommentare wieder aufnehmen. Mandy Schütze hat das inzwischen auch schon mit einer 10. Klasse genutzt, in der sie den Schülern dort Arbeiten aus dem Blog der „Großen“ als Arbeitsgrundlage gegeben hat.

Mit dem Blog lassen sich auch räumliche Grenzen überwinden. Mehrmals hat Mandy Schütze ihr Blog mit einem ähnlichen Projekt einer Lehrerin der Kaiserin-Augusta-Schule[29] in Köln vernetzt. Die Schüler kommentierten dann Beiträge der jeweils anderen Schule. „Da entsteht nochmal eine ganz andere Motivation!“

So wächst das Blog immer weiter. Und Mandy Schütze hat noch viele Ideen zur Erweiterung des Projektes. „Man könnte jedem Schüler einen anderen Schüler als Reviewer zuordnen, der den Artikel gegenliest und Feedback gibt. Oder man macht die Zusammenfassung einer Unterrichtsstunde nicht immer schriftlich, sondern auch mal als Podcast.“ Auch müsse die Arbeit mit dem Blog nicht auf die höheren Klassen begrenzt sein. „Ich habe das auch schon einmal mit Klasse 7 gemacht. Da gab es zum Beispiel die folgende Aufgabe: Schreibt einen Kommentar, in dem ihr folgenden Satz vervollständigt: ‚Es gibt (k)einen Gott, weil …‘ Am Ende gab es insgesamt über 100 Einträge mit Kommentaren und Nachfragen – auch von außerhalb des Klassenzimmers.“

Eine neue Qualität

„Es geht mir um selbständiges Arbeiten. Selbständig die Zeit wählen und das Thema aussuchen, selbständig einen zusammenhängenden Texte schreiben und einen eigenen Standpunkt formulieren", bilanziert Mandy Schütze ihr Blog-Projekt. „Im Blog setzt man sich mit anderen Meinungen auseinandersetzen und muss die eigene Meinung überdenken. Das machen wir sonst zu selten, das kommt immer zu kurz." Mandy Schütze bereitet solche Unterrichtseinheiten vor, indem sie jenseits des Blogs Essays schreiben lässt. Im Blog kommt dann eine neue Qualität hinzu. „Die Schüler brauchen sehr lange für einen Kommentar. Die sagen: ‚Das ist ja öffentlich, da muss ich mir das gut überlegen und ordentlich formulieren.' Das ist ganz wichtig, dieses Wissen ‚Mein Text wird von anderen gelesen!'"

Für die Lehrerin gab es beim Arbeiten mit dem Blog immer wieder Überraschungen. „Es profitieren ganz besonders die Schüler, die sonst eher ruhig sind. Die sind im Unterricht ganz still – und im Blog schreiben sie die unglaublichsten Beiträge!"

Vielleicht ist das das entscheidende Argument für die digitalen Medien im Unterricht von Mandy Schütze: Sie kann jeden einzelnen Schüler sehen. „Manchmal gehe ich nach 45 Minuten raus und denke: ‚Heute habe ich nicht mit jedem reden oder ihn zumindest wahrnehmen können. Das ist für mich das Gegenteil von Individualisierung. Ich muss jeden Einzelnen sehen können. Die digitalen Medien können für mich die 45 Minuten entzerren. Ich kann zu Hause nochmal nachschauen, was eigentlich wer macht."

Kann Frau Schütze sich noch vorstellen, ohne digitale Medien zu unterrichten? „Klar könnte ich. Aber wenn die Möglichkeiten da sind, dann muss ich sie auch nutzen. Zu wissen, dass es da etwas gibt, dass es funktioniert und etwas bringt– und es dann nicht zu machen, das wäre fatal!"

Eckdaten zur Person und Schule

 Mandy
Schütze

Fächer:	Ethik und Geographie
Schule:	Gymnasium in Gerabronn (Baden-Württemberg)

**Aufgaben
in der Schule:**

- Fachbeauftragte Ethik
- Betreuung der Schülerzeitung
- neben der Schule: Vorstandsmitglied bei ZUM e.V. (Zentrale für Unterrichtsmedien im Internet)

Berufsbiographie

- **1997** Abitur in Radeberg
- **1997 – 2003** Studium Lehramt Geographie/Ethik für Gymnasium in Dresden (Abschluss: 1. Staatsexamen)
- **2000 – 2006** Arbeitskreis Ethik der TU Dresden
- **2006 – 2009** Referendariat in Leipzig (Geographie/Ethik) – (Abschluss: 2. Staatsexamen)
- **seit September 2009** Studienrätin am Gymnasium Gerabronn (Geographie/Ethik)
- **seit November 2009** im Vorstand des ZUM e.V.
- **Publikationen (Auswahl)**: „Ethikunterricht im Web 2.0 – Wikis und Weblogs optimal eingesetzt", ZDPE 2/2008; „Das Weblog: das Ende der Privatheit von Unterricht"; Ethik und Unterricht, in: Nida-Rümelin, Julian; Spiegel, Irina; Tiedemann, Markus: Handbuch Philosophie und Ethik, Band 1, UTB September 2015 (zusammen mit Donat Schmidt)

130

Links

Homepage der Schule **http://gymnasium-gerabronn.de**

Blog Frau Schütze **http://frauschuetze.de/**

@ma_y auf Twitter: **http://twitter.com/ma_y**

Blog mit Schülern im Fach Ethik: **http://ethik13.wordpress.com/** †

Zentrale für Unterrichtsmedien im Internet (ZUM) e.V.: **http://zum.de**

09

von

10

BERUFLICHE BILDUNG SELBSTGESTEUERT

DIGITALE MEDIEN
IM UNTERRICHT VON HEINZ DIETER HIRTH

Das Ende der Schultasche

Als Lehrer Heinz Dieter Hirth eines Morgens zur Schule kam, rief ihm eine Kollegin zu: „Mensch, H. D.! Du hast nie eine Schultasche dabei, wenn Du morgens kommst. Wie machst Du das bloß?" Hirth antwortete: „Da wo ich hingehe, ist mein Schulmaterial schon vorhanden. Ich brauche nur mein Handy. Und Kaffee und Essen kriege ich in der Kantine."

An der Oskar von Miller Schule funktioniert das, denn die Berufliche Schule hat einige Bereiche komplett digitalisiert und alle Materialien in die Cloud verlagert. Gleichzeitig hat sie eine eigene Didaktik entwickelt, das Lernschrittkonzept[30], mit der individuelles und selbständiges Lernen auf Seiten der Schüler und Teamwork auf Seiten der Lehrer konsequent umgesetzt werden.

Kfz-Werkstatt und Großlernbüro

Wer die Oskar-von-Miller-Schule besucht, kommt an einen Ort, der äußerlich nicht besonders revolutionär wirkt. Ein leiser Verdacht keimt an der Eingangstür auf. Dort klebt nicht etwa der an Schulen verbreitete Aufkleber „Handys verboten", sondern ein Schild „Finde uns auf Facebook!"

„Finde uns auf Facebook"
Foto: CC BY 4.0 by Jöran Muuß-Merholz

Drinnen gibt es die Räume, die man an einer praktisch ausgerichteten Schule für technische Berufe erwarten würde: eine Kfz-Werkstatt, diverse Räume mit technischer Ausstattung. Aber wo sind die Klassenräume? Der Besucher wird stattdessen in das „Maxi" geführt, eine Art Großraumbüro. Oder besser: ein Großlernbüro. Hier sitzen junge Menschen an Tischinseln, meist vor einem Laptop, bisweilen auch mit Büchern oder Smartphones beschäftigt. Dazwischen gibt es ein paar Zimmerpflanzen und Regale, einen Kopierer, eine Kaffeeküche und Besprechungsecken. Ein Lehrer ist auf den ersten Blick nicht zu erkennen. So soll die digitale Avantgarde des Lernens aussehen?

Die Oskar-von-Miller-Schule

Die Oskar-von-Miller-Schule bietet Ausbildungsgänge in den Bereichen Elektrotechnik, Informationstechnik, Fahrzeugtechnik und Anlagen-

und Versorgungstechnik. Insgesamt gibt es ungefähr 2100 Lernende in der Berufsvorbereitung, der Berufsfachschule, der Berufsschule und der Fachschule für Technik. Seit 2015 hat die Oskar-von-Miller-Schule den Status einer rechtlich selbständigen beruflichen Schule. Die großen Umbrüche hat die Schule bereits in den Jahren ab 2005 vollzogen, als sie für wesentliche Bereiche des Unterrichts das sogenannte Lernschritt-konzept entwickelte. Federführend waren der damalige Abteilungsleiter Dietmar Johlen und Heinz Dieter Hirth, der Lehrer ohne Schultasche. Die Devise der „Wende im Kopf" (Johlen) lautete damals: „Wir wollen dabei helfen, dass junge Menschen von der Abhängigkeit in die Unab-hängigkeit gelangen."

Lernfelder und Lernschrittkonzept

Die Schüler an der Berufsfachschule sind zwischen 15 und 18 Jahre alt. Sie kommen am Montag um 8.00 Uhr in die Schule. In der Oskar-von-Miller-Schule wurden Fach-theorie und Fachpraxis zusammengeführt und große Teil des Unterrichts in (Block-)Wochen gegliedert. Hier steht dann jeweils eine Lernsituation in einem Lernfeld im Mittelpunkt.

Am Montagmorgen gibt es eine Einführung in das Thema der Woche. Die Schüler müssen sich einen Über-blick verschaffen: Um was geht es? Wozu brauche ich das? Wie funktioniert es? Schüler bekommen einen Input vom Lehrer, schauen in Lehrbüchern nach oder stöbern in den Arbeitsergebnissen von Schülern aus vorherigen Jahrgängen.

Diese erste Auseinandersetzung mit dem Thema dau-ert ungefähr zwei Stunden. Danach legen die Lernenden im von der Schule selbst entwickelten Lernschrittplaner ihre Wissens- und Kompetenzziele für diese Woche fest. Dabei wird vom Ende her gedacht. Die Leitfrage lautet:

„Wie kann ich am Ende der Woche einer anderen Person zeigen, dass ich das kann, was ich hier als Kompetenzziel definiere?" Für die Planung hilft ein Kompetenzraster, eine Sammlung von Themen- und Checklisten sowie Vorschläge für mögliche Formen, in denen der Lernnachweis am Ende erbracht werden kann. All das finden die Schüler im Moodle, dem Lernmanagementsystem der Schule.

Moodle und Mahara

Die Oskar-von-Miller-Schule setzt auf eine Kombination auf Moodle und Mahara. Hirth ist für die Verwaltung von beiden Lernplattformen verantwortlich. „Moodle gehört den Lehrenden, Mahara gehört den Lernenden. Moodle wird als Lernmanagementsystem genutzt, in dem Arbeitsaufträge und Materialien bereitgestellt werden. Mahara ist das E-Portfolio, quasi die private Aktentasche der Lernenden. Hier dokumentieren die Schüler ihre eigene Arbeit."

Lernen und Lernprodukte

Ab der dritten Stunde beginnt die Phase eigenständiger Arbeit, die fast eine ganze Woche umfasst. Spätestens zur Mitte findet ein Soll-Ist-Vergleich mit Schüler und Lehrer statt: Was wolltest Du bisher erreichen, wo stehst Du?

Am Ende der Woche muss immer ein Lernprodukt erstellt worden sein. Das kann fachpraktisch sein, wie eine selbst erstellte Schaltung, oder fachtheoretisch, also die Dokumentation einer kognitiven Lernleistung. Hirth konkretisiert: „Man kann zum Beispiel die Erklärung erstellen, wie eine Ampelschaltung funktioniert. Die Schüler dokumentieren das in einem Erklärvideo oder einer Fotostrecke. Oder sie nutzen kreative Webtools wie PowToon[31], mit dem sie einem Cartoon erstellen, der quasi die Anleitung zu einem Vorgehen abbildet." Nicht immer muss alles digital erstellt worden sein, wohl

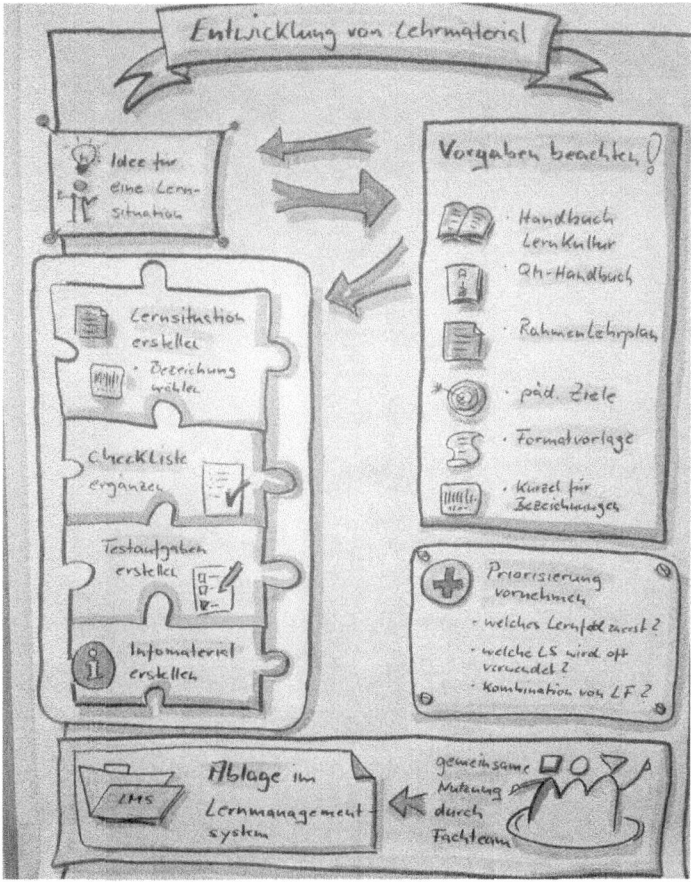

„Entwicklung von Lehrmaterial"
Foto: CC BY 4.0 by Jöran Muuß-Merholz

aber digitalisiert abgebildet werden. „Wir schulen unsere Lernenden zum Beispiel in Visual Facilitation, so dass sie auch schöne Plakate erstellen können, die sie dann abfotografieren."

Auch ganz andere Formen sind möglich. Hirth erinnert sich, dass einmal angehende Fachkräfte für Veranstaltungstechnik die Eigenschaften von Strom, Spannung und Widerstand über ein Rollenspiel erklärten.

Während der eigenständigen Arbeit stehen die Lehrer ständig beratend zur Seite. „Wir sind keine Lehrer, wir sind Lernbegleiter und Lerncoaches", betont Hirth. „Wenn ein Schüler Unterstützung braucht, versuchen wir es immer mit Elementen aus dem Coaching."

Heinz Dieter Hirth

Hirth machte eine Handwerkslehre und legte seine Meisterprüfungen als Elektroinstallateur und Radio- und Fernsehtechniker ab. Er studierte einige Semester Wirtschaftsinformatik, ohne einen Abschluss zu machen, erreichte aber das Staatsexamen zum Fachlehrer in arbeitstechnischen Fächern.

An der Lehrkräfteakademie des Hessischen Kultusministeriums betreut er Projektschulen in deren schulischer Entwicklung im Bereich Selbstorganisiertes Lernen und Einsatz neuer Medien. Zusätzlich ist er für eine private Fachschule im Bereich der Meisterausbildung tätig.

Eigenständige Auseinandersetzung mit dem Thema

Der größte Teil der Arbeitszeit wird für die Phase „Intensive Auseinandersetzung mit dem Thema" genutzt. Jeder Schüler recherchiert dabei in verschiedenen Medien. Er kann zum einen die Lernprodukte der Schüler aus den Vorjahren anschauen und miteinander vergleichen. Lehrer Hirth macht sich keine Sorgen, dass einfach

Lösungen von Vorgängern kopiert werden. „Das ist eine Frage der Aufgabenstellung. Da bei uns die Aufgabe lautet, am Ende das Gelernte im Gespräch mit dem Lernbegleiter erklären zu können, hilft das Kopieren nicht weiter. Spätestens im Gespräch stellt sich heraus, ob der Schüler das wirklich verstanden hat. Das Kopieren ist erlaubt. Es macht aber niemand mehr."

Neben den Materialien, Checklisten und Aufgabenvorschlägen, die die Schüler im Lernmanagementsystem Moodle finden, suchen sie nach weiteren Quellen. Diese finden sie häufig via Google, in Wikipedia, Fachforen oder auf den Websites der Hersteller einschlägiger technischer Geräte. Diese Recherche ähnelt nicht zufällig dem Weg, den die Lernenden auch in der Praxis in ihren Betrieben gehen werden, wenn sie sich neues Wissen erschließen müssen. Diese Eigenständigkeit liegt nicht jedem Schüler von der ersten Woche an, weiß Hirth. „Die Lernenden müssen erstmal ihre Konsumhaltung ablegen. Sie sollen ihren Lernprozess aktiv gestalten. Sie sollen sich Wissen aneignen und eigene Lernprodukte erarbeiten. Sie müssen ‚Prosumenten' werden."

Offene Pausen

„Wenn man Individualisierung und Eigenverantwortung ernst nimmt, müssen die Lernenden sich auch ihre Pausenzeiten selbst wählen können", findet Hirth. Deswegen wurde an der Oskar-von-Miller-Schule das Konzept der offenen Pause eingeführt. Zwei kleine Regelungen reichten dafür aus: Jeder Schüler muss aufschreiben, wann er zur Pause geht und wann er zurückkommt. Man darf die Pause nicht zu Beginn oder Ende des Schultags nehmen. Von den Ergebnissen ist Hirth überzeugt: „Das Konzept hat uns unglaublich gut getan. Wir haben seitdem keine Störer mehr im Unterricht."

Recherche im Web und in Büchern

Das Digitale ist für Hirth kein Selbstzweck. „Die Schüler müssen lernen, Materialien kritisch zu überprüfen. Wir halten unsere Lernenden an, auch in Bücher zu gucken. Nicht die erste Quelle ist die wahre Quelle." Schüler können beim Lehrer bzw. Lerncoach auch um inhaltliche Unterstützung bitten, wenn sie nicht weiterkommen. Hirth: „Der Lernende kann bei uns einen Input abrufen. Die Lehrkraft macht dann einen Vortrag oder gibt alte Fassungen von Klausuren und Prüfungen aus."

Da das offene Lernen viele Schüler herausfordert, gibt es immer wieder Überprüfungen, ob der Einzelne über- oder unterfordert ist. Das kann in Form von Kontrollfragen geschehen, mit dem der Lernende prüfen kann, ob er das Thema verstanden hat. Oder der Lernbegleiter macht eine Bestandsaufnahme, einen Soll-Ist-Vergleich mit dem Schüler.

Herausfordernde Schüler

„Ich bekomme oft gesagt, dass man so eine Didaktik nur IT-Schülern oder mit Schülern auf einem bestimmten Niveau machen kann. Das stimmt nicht! Wir machen das auch mit den ganz schwierigen Schülern." Hirth berichtet, dass gerade die herausfordernden Lernenden profitieren können, wenn alle Inhalte im Netz sind. „Ein Grundproblem bei dieser Gruppe war bei uns früher: 15 von 20 Schülern haben ihre Hefte oder Bücher zu Hause gelassen. So etwas ist bei uns überhaupt kein Thema mehr. ‚Heft vergessen' gibt es schlicht nicht mehr." Auch mit der offenen Arbeitsform können nach Hirths Erfahrungen alle Schüler zurechtkommen, weil die Methode das Vorgehen klar strukturiert und feste Vorgaben zu den Bestandteilen macht, die im Portfolio enthalten sein müssen.

Fachgespräch und Reflexion

Am Ende der Woche steht das Fachgespräch zwischen Schüler und Lernbegleiter. Das erstellte Lernprodukt zusammen mit einer Dokumentation des Lernprozesses bildet die Grundlage für das Gespräch, in dem der Lernende zeigen kann, was er gelernt hat. Das Gespräch ist auch Grundlage der Bewertung, wobei Hirth wichtig ist, dass alle Anforderungen und Bewertungskriterien schon vorab feststehen und transparent gemacht werden.

In der anschließenden Reflexion wird gemeinsam besprochen, was der Lernende über sein Lernen erfahren hat und wo er sich als nächstes weiterentwickeln will.

Das Fachgespräch findet übrigens nicht immer am Freitag statt. Schon logistisch wäre das für die Lernbegleiter problematisch. Stattdessen kann der Termin für das Gespräch auch mal zwei oder drei Wochen später liegen. Diese Verzögerung ist für H. D. Hirth gewollt. „Uns ist wichtig, dass der Lernende nicht memoriert, sondern wirklich lernt. Was er wirklich kann, das kann er auch nach drei Wochen noch zeigen." Hirth ist zusätzlich in der Fachschule tätig, in der das Studium im Abend- und Samstagsunterricht absolviert wird. „Da findet das Fachgespräch auch mal ein ganzes Jahr später statt. Die Lernenden sind dann oft ganz überrascht, dass sie sich vielleicht noch 5 Minuten einlesen müssen, aber ansonsten keine Probleme haben, ihre Kompetenz darzulegen. Das klappt, wenn sie wirklich etwas gelernt haben."

Lernprodukte und E-Portfolio

Schaut man auf die Produkte des individuellen Lernens, so kommen in den E-Portfolios der Schule beachtliche Ergebnisse zusammen. Jedes Portfolio folgt einem vorgegebenen Aufbau in drei Spalten:

- Links finden sich zunächst Name und E-Mail-Adresse des Lernenden, darunter die zu Beginn definierten Lernziele und der angestrebte Lernnachweis, also die Beschreibung des Lernproduktes.

- In der Mitte und im Mittelpunkt steht das Lernprodukt, beispielsweise ein eingebundenes Video, eine Fotoreihe, ein Cartoon, ein Podcast oder ein Text.

- In der rechten Spalte gibt es weitere Nachweise, z.B. bei einem Computerprogramm als Lernprodukt der Link zum Download des Programms. Außerdem ist vorgeschrieben, dass hier Hinweise zur Weiterverwendung gegeben werden. In der Regel ist das eine der sechs Creative Commons Lizenzen, die – je nach Wahl der Lernenden – unterschiedliche Auflagen zur Weiterverwendung machen.

Die Visualisierung des gesamten E-Portfolios bietet für die Lernenden auch einen Überblick, welche Kompetenzen sie im Laufe von vier Semestern entwickelt haben.

Hirth betont eine wichtige Funktion von Mahara: die selektive Freigabe von Inhalten. Jeder Schüler kann für jedes Element seines Portfolios einzeln entscheiden, wer darauf Zugriff hat: nur er selbst plus ein Lehrer oder die gesamte Schule oder die Öffentlichkeit des World Wide Webs. Außerdem können individuelle Ansichten zusammengestellt werden, die im Rahmen einer Bewerbung freigegeben werden. Der Schüler entscheidet dann, welche Elemente er einer Sammlung hinzufügt, die er über einen versteckten Link dann (nur) einem potentiellen Arbeitgeber zugänglich macht. Hirth: „Wir haben

Beispiele, in denen Bewerber genau dadurch erst einen Fuß in die Tür und dann einen Ausbildungsplatz bekommen haben. Schüler können ganz einfach nicht nur ihre Noten, sondern ganz konkrete Arbeitsergebnisse vorzeigen."

Außerdem besteht für die Schüler die Möglichkeit, ihr persönliches Portfolio zum Ende der Schulzeit mitzunehmen und in ein lebensbegleitendes Portfolio zu überführen.

Open Educational Resources (OER)

Da alle Schüler ihre Arbeiten im Mahara dokumentieren und mit einer freien Lizenz versehen, entsteht an der Schule gleichsam nebenbei ein rasch wachsender Fundus an Open Educational Resources (OER), auf den die nächsten Jahrgänge zugreifen können. Hirth ist begeistert: „Vor fünf Jahren haben wir die Auflage gemacht, dass alle Schülerarbeiten in dieses System kommen. Seitdem haben wir ca. 20.000 Produkte dort gesammelt, von denen ein großer Teil für die nächsten Schüler zur Verfügung steht. Das ist ein enormer Fundus!"

Teamarbeit und Cloud-Dienste

Die Oskar-von-Miller-Schule hat für die Arbeit in den Lernfeldern die Arbeit in Lehrerteams zum Standard gemacht. Nicht jeder Lehrer bekommt eine eigene Moodle-Umgebung, sondern jedes Fach bzw. jeder Jahrgang. Hirth: „Früher mauerten die Kollegen oft, wenn es um ihren eigenen Unterricht ging. Die Arbeit im Team hat eine unglaubliche Wendung bewirkt."

Materialien werden in der Regel nicht direkt im Moodle gespeichert, sondern über Cloud-Dienste wie Google

143

Docs für Texte oder YouTube für Videos. Auch die Schüler machen das in der Regel so „Damit bleiben unsere Lernplattformen schlank", freut sich Hirth. „Außerdem können Materialien von verschiedenen Orten aus eingebunden werden und sind bei Überarbeitungen stets sofort in allen Verwendungskontexten aktualisiert. Für unsere Zusammenarbeit hat das einen großen Sprung nach Vorne gebracht."

Digital als Teil der Antwort

Bemerkenswert an der Arbeit der Oskar-von-Miller-Schule ist nicht in erster Linie der Grad der Digitalisierung. Beim Gespräch mit den Lehrenden fällt vielmehr auf, dass das Digitale immer Teil der Antworten, nicht Teil der Frage war. Die Schule hat sich nie gefragt: „Wie können wir digitaler werden?" Stattdessen standen am Anfang pädagogische Fragen: Wie können Schüler selbständig lernen? Wie können sie ihren Lernfortschritt dokumentieren? Wie können Lehrer in Teams zusammenarbeiten? Auf diese Fragen hat die Schule Antworten gefunden, in denen digitale Plattformen und Werkzeuge einen Teil der Lösung bieten.

Auf zu neuen Ufern

Bereits 2008 war Heinz Dieter Hirth bei einem Wettbewerb der Initiative D21 unter „Die besten Lehrkräfte für Deutschlands Schulen der Zukunft" gewählt worden und hat in der Folge weitere Preise für seine Arbeit und schulische Projekte gewonnen. Neben seiner diversen Lehrtätigkeiten treibt er weitere Neuentwicklungen voran.

Zusammen mit seinem ehemaligen Chef Dietmar Johlen hat Hirth einen gemeinnützigen Verein gegründet. Gemeinsam wollen sie neue Wege erschließen, wie

Menschen sich ohne Schule auf eine Abiturprüfung vorbereiten können. Eine andere Baustelle, die ihn beschäftigt: „Wir müssen bei unserer Kompetenzorientierung die Affektebene mit einbeziehen. Was motiviert den Schüler? Wie fühlt der sich beim Lernen? Das müssen wir viel stärker berücksichtigen!"

Außerdem plant Hirth mit der Schule ein Angebot im Bereich „Open Degree". Nach dem Vorbild der Open University in England sollen Schüler sich Inhalte aus einem Kompetenzkatalog frei zusammenstellen können. Für Hirth ist das die folgerichtige Fortsetzung des Schulkonzeptes: „Viele Schüler kommen ja nicht zu uns, weil sie einen Abschluss haben wollen, sondern weil sie Kompetenzen erwerben wollen. Das wollen wir konsequent ermöglichen."

Eckdaten zur Person und Schule

Heinz Dieter Hirtz

Fächer: Elektrotechnik und Fachpraxis

Schule:

- Oskar-von-Miller-Schule, Kassel (Hessen)
- berufliche Schule der Stadt Kassel
- seit Januar 2015 im Status einer rechtlich selbständigen beruflichen Schule (RSBS)
- Ausbildungsgänge in den Bereichen: Elektrotechnik, Informationstechnik, Fahrzeugtechnik sowie Anlagen- und Versorgungstechnik

- ca. 2.100 Lernende werden in Ausbildungsgängen zur Berufsvorbereitung, der Berufsfachschule, der Berufsschule und der zweijährigen Fachschule für Technik beschult

**Aufgaben
in der Schule:**

- Neben dem Unterricht bin ich an der Oskar-von-Miller-Schule für die Internetserver für das Hosting des Lernmanagementsystems Moodle und des ePortfolio-Systems Mahara zuständig
- Daneben betreue ich die Fortbildung von Kolleginnen und Kollegen und die Weiterentwicklung von Konzepten innerhalb der Moodle-Küche
- Abordnung an die Hessische Lehrkräfteakademie; dort Betreuung von Projektschulen in deren schulischer Entwicklung im Bereich selbstorganisiertes-Lernen
- Für eine private Fachschule im Bereich der Meisterausbildung tätig

Berufsbiographie

- Handwerkslehre, Meisterprüfungen als Elektroinstallateur und Radio- und Fernsehtechniker
- Einige Semester Studium Wirtschaftsinformatik (ohne Abschluss)
- Staatsexamen zum Fachlehrer in arbeitstechnischen Fächern

Links

Homepage der Schule: **http://ovm-kassel.de/**

146

10 von 10

HAUPTSACHE SCHREIBEN!

DIGITALE MEDIEN
IM UNTERRICHT VON PHILIPPE WAMPFLER

Medienwechsel von Theater auf Twitter

„Kann ich mein Leben mal kurz speichern und was ausprobieren?", schreibt Pawel Iwanow auf Twitter, wo er @
iwanarchy heißt. Tobias @svenlieblingsm verkündet daneben: „Gerade die beste Pizza meines Lebens gegessen
@CasaMiaGroup".

Tweet
(steht nicht unter einer freien Lizenz)

Tobias
@svenlieblingsm

⚙ 👤 **Folgen**

#lieblingsm GERADE DIE BESTE PIZZA
MEINES LEBENS GEGESSEN
@CasaMiaGroup

RETWEET FAVORIT
1   1   CMi

09:58 - 19. Juni 2015

↰ ⇄ ★ •••

Noch ein Tweet
(steht auch nicht unter einer freien Lizenz)

In der Kantonsschule Wettingen im Aargau twittern
Schüler im Deutschunterricht. Nicht etwa unter dem
Tisch, sondern vom Lehrer gefordert, in Gruppenarbeiten
diskutiert und didaktisch eingebunden. Deutschlehrer
Philippe Wampfler nutzt Twitter zum Beispiel in der Lek-
türearbeit, um über Figuren und Situationen im Stück zu
sprechen. Er fragt die Schüler: „Wenn diese Person auf
Twitter wäre, was würde sie an dieser Stelle schreiben?
Was wäre ein zentrales Zitat für diese Figur? Was denkt
sie gerade?"

Eine Einführung in Twitter muss Wampfler für die
Schüler nicht machen. „Die Hälfte kennt Twitter, die andere Hälfte noch nicht. Also setzen die Schüler sich rasch
zusammen und erklären sich gegenseitig die Funktionen."

Das Twitter-Projekt wird in einer aufwändigeren Form
fortgesetzt. Wampfler hat das mit dem Theaterstück
„Lieblingsmenschen" von Laura de Weck erprobt. „Wir
machen das als Gruppenarbeit. Jede Rolle im Stück wird
einer Gruppe zugeteilt und von ihr mit einem eigenen

Twitterprofil vertreten. Zunächst muss sich jede Gruppe überlegen, wie sich ihre Figur auf Twitter selbst darstellt. Dann geht es darum, dass Stück in einer Fassung 2.0 fortzusetzen. Die Gruppen schreiben den Text weiter, mit einem Medienwechsel von Theater auf Twitter."

Wo manche Deutschlehrer unüberbrückbare Kluften zwischen Diogenes-Verlag und amerikanischem Unternehmen, zwischen analog und digital, zwischen dekorierter Literatur und kurzen Tweets sehen würden, findet Wampfler die Gemeinsamkeiten: „Es geht um Kommunikation zwischen Menschen. Um Beziehungen. Und darum, dass die Schüler schreiben."

„Plaudern über Unterricht"

„Hauptsache schreiben!" – Das ist ein Hauptmotiv im Unterricht von Philippe Wampfler. Und in seinem Leben. Wampfler ist auch persönlich auf Twitter und in Blogs aktiv. Wenn er dort seine Überlegungen zu Lernen, Schule und digitalen Medien teilt, verfolgen das vereinzelt auch Schüler. „Manche kommentieren das im Netz. Dort entsteht dann ein informelles Plaudern über Unterricht. Formale Bildung und informelle Diskussionen gehen ineinander über." Meist sind es nicht Schüler, sondern andere Lehrende, die mit Wampfler diskutieren. Digitale Medien sind für ihn nicht nur ein Werkzeug. „Das Internet bedeutet für mich auch Zusammenarbeit, Austausch und das Knüpfen von Netzwerken. Diese Vernetzung ist sehr wertvoll. Das schafft eine Qualität, die vor zehn Jahren noch nicht da war." Wampfler ist vermutlich der produktivste und einflussreichste Lehrer im deutschsprachigen Raum, wenn es um grundsätzliche Überlegungen zu Bildung in Zeiten des digitalen Wandels geht. Neben der Schule, diversen Aus- und Fortbildungstätigkeiten und seinen Blogs hat er in den letzten Jahren auch zwei Bücher veröffentlicht: eines über Social Media in der Schule und eines über digitale Jugendkultur[32]. Es scheint, Wampfler kann nicht ohne Schreiben.

Kollaborative Textarbeit mit Google Docs

Als Werkzeug für das Schreiben setzt Wampfler oft Google Docs ein, so dass Schüler gemeinsam an Texten arbeiten können. Die digitale und kollaborative Form des Schreibens entspricht für Wampfler Grundmustern von Lernen: „Entwerfen und überarbeiten, Feedback bekommen und diskutieren, verbessern oder auch verwerfen – so funktionieren Lernen und Unterricht doch oft. Das hat eine ganz starke pädagogische Qualität!"

Zu Beginn steht immer ein Musterbeispiel, bei der die Arbeitsweise wichtiger ist als der Inhalt. „Man muss erst einmal merken, wie das funktioniert, wenn 25 Menschen gleichzeitig in einem Dokument sind. Den Umgang mit den unterschiedlichen Ebenen von eigentlichem Text und der Kommunikation über Kommentare oder Chat muss man üben."

Die Arbeit mit einem gemeinsamen Dokument bietet sich zum Beispiel an, wenn in 4er- oder 5er-Gruppen eine Zitaterörterung erstellt wird. Oder bei Texten, zu denen Feedback und Weiterentwicklung wichtig sind, wie in Wampflers Familienprojekt. „Die Schüler schreiben hier verschiedene Texte und bekommen jeweils Feedback von anderen Schülern. Dadurch entsteht eine hohe Individualisierung. Diese Peer-Kommunikation ist sehr wichtig." Im Projekt interviewt jeder Schüler ein Familienmitglied zur Geschichte der eigenen Familie. Zunächst wird dafür die Ausgangslage beschrieben: „Was weiß ich eigentlich schon." Schon zu diesem Text gibt es eine erste Feedback-Runde, bei der ein anderer Schüler den vorhandenen Entwurf kommentiert, der dann überarbeitet wird. Als nächstes wird die Liste von Fragen für das Interview entworfen, kommentiert, umgestellt und verbessert. Nach dem Interview wird die Tondatei transkribiert, so dass auch die Abschrift für Feedback und Weiterarbeit genutzt werden kann. „Da stecken viele Dinge drin, die mit Papier und Stift nicht denkbar wären. Es ist nicht nur, dass Inhalte kontinuierlich verbessert werden können oder dass einfach mehrere Personen zur selben Zeit am selben Text arbeiten können", findet Wampfler. „Es gibt auch die zusätzliche Dimension von Diskussionen über den Inhalt. Die Kommentarfunktion ist wie ein Gespräch über den Text. Für mich selbst ist gar keine Texterstellung ohne so eine Zusammenarbeit mehr denkbar."

Die digitalen Dokumente ermöglichen darüber hinaus, dass die feedback-gebende Person sehen kann, was aus der Rückmeldung gemacht wird. Über die Versionsgeschichte sind alle Bearbeitungsschritte zu sehen. Die Entstehungsgeschichte eines Dokuments wird so nachvollziehbar und bietet eine Reflexionsgrundlage.

Schweizer Pragmatismus

Google Docs im Unterricht – das hat an Schulen in Deutschland Seltenheitswert, nicht zuletzt aus Gründen von Datenschutz und Bedenken gegenüber Google. „Die Rolle von Unternehmen und von Werbung ist mir unangenehm", gibt Wampfler zu. „Das würde ich gerne ändern, wenn ich es könnte. Ich versuche mich an einem pragmatischen Umgang."

Diesen Pragmatismus sieht Wampfler in der Schweiz deutlich stärker ausgeprägt als in Deutschland. „Juristische Bedenken gibt es hier selten. Man schaut sich das Problem an, wenn es auftritt. Aber erstmal macht man und probiert aus." Auch hinsichtlich der technischen Infrastruktur sieht Wampfler seine Schule gut aufgestellt. „Wir haben ein schnelles WLAN im ganzen Schulhaus. Und bei Schülern, die wir neu aufnehmen, können wir verlangen, dass sie ein Notebook mitbringen." Auch ein Tablet ist möglich – aber nur wenn es mit einer Tastatur erweitert wird, mit der man schnell und gut schreiben kann.

Persönliche Blogs über Hochzeiten und die Zigarettenindustrie

Um Schreiben und Austausch geht es Wampfler auch in den Blogs, die seine Schüler in der 10. Klasse im Deutschunterricht führen müssen. Als Hausaufgaben schreiben 25 Schüler in einem Schuljahr 500 Blogbeiträge und 1.000 Kommentare – in einem halben Jahr!

Die Aufgabenstellung ist einfach: Jeder startet ein eigenes Blog, in dem er zwischen August und Januar 20 Beiträge veröffentlichen muss. Außerdem muss er mindestens doppelt so viele Kommentare bei Blogs der Mitschüler hinterlassen.

In der Themenwahl sind die Schüler frei. Wampfler: „Es soll etwas mit ihrem Leben zu tun haben. Das müssen keine intimen Fragen sein. Wichtig ist mir, dass die Schüler überhaupt schreiben. Sie sollen viel schreiben – mehr als ich jemals korrigieren kann!" Die Themen in den Blogs sind entsprechend bunt. Es geht um den eigenen Wellensittich, Angst vor Spinnen, Sojamilch, Hochzeiten, gelesene Bücher und gesehene Filme, aber immer wieder auch um größere Themen wie außerirdisches Leben, Zigarettenproduzenten, Microsoft oder anstehende Wahlen.

Schaut man in die Kommentare, so findet man viel Freundlichkeit, Lob und Anerkennung. Insbesondere bei meinungsstarken Beiträgen gibt es auch längere Diskussionen. „Ich will, dass die Schüler dort miteinander ins Gespräch kommen", sagt Philippe Wampfler. „Das gegenseitige Lesen und Reagieren ist Ansporn für die Schüler." Auch Lehrer Wampfler beteiligt sich immer wieder an den Kommentaren.

Eine große Einführung zu Beginn der Arbeiten mit Blogs braucht es nach Wampflers Erfahrung nicht. Die einschlägigen Dienste sind so intuitiv zu bedienen, dass er nicht einmal eine Plattform vorgibt. Wichtigere Inputs betreffen stattdessen Punkte wie die Verwendung von Fotos, Angaben von Quellen oder die Wahrung der Pseudonymität. Weitere Fragen ergeben sich im Laufe der Arbeit und werden durch kleine Lektionen zwischendurch bearbeitet: Wie wird mein Blog von Suchmaschinen gefunden? Wie kann ich einzelne Beiträge per Passwort schützen?

Auf Pseudonyme legt Wampfler besonderen Wert. „Was die Schüler in der 10. Klasse schreiben, soll sie später nicht ein Leben lang begleiten. Die Blogs sind öffentlich, aber nie unter dem echten Namen zu finden." Allerdings setzt ungefähr jeder vierte Schüler das Blog auch nach dem Halbjahr fort oder startet ein neues Blog. Wampfler hat dann sein Ziel erreicht: die Schüler schreiben, lesen und beteiligen sich am gesellschaftlichen Diskurs. In den Worten eines bloggenden Schülers ausgedrückt:

„Dieser Blog ist also für mich eine ganz neue Seite des Internets: Das erste Mal schreibe ich aktiv im Internet und theoretisch kann es auch jeder ansehen, lesen und dabei mitdiskutieren! Genau das ist ja auch der Unterschied zu einem herkömmlichen Schulaufsatz: Jeder, sogar Außenstehende, können den Blog lesen und ihren Kommentar hinterlassen. Das Bloggen ist also regelrecht eine neue Kommunikationsform", bilanziert awinkler12[33] in der Schlussreflexion seines Blogs.

Benotung und Routinen

Die Blogs sind Teil der Hausaufgaben und werden benotet. Bei der Bewertung ist Wampfler wichtig, dass nicht bei allen Inhalten immer die Benotung im Hinterkopf mitgedacht wird. Deswegen können Schüler dem Lehrer mitteilen, welche Artikel er für die Bewertung besonders oder auch gar nicht berücksichtigen soll.

Auch wenn die Arbeit in den Blogs zu Hause stattfindet, ist eine Verankerung in den Unterrichtsstunden wichtig. Wampfler legt dafür immer wieder „Zwischenstationen" fest – Termine, zu denen eine bestimmte Anzahl von Artikeln geschrieben sein muss. An diesen Terminen werden Artikel und Kommentare im Unterricht angeschaut und besprochen, Erfahrungen ausgetauscht und Fragen diskutiert.

Routinen helfen in der ansonsten zeitlich und thematisch frei zu gestaltenden Arbeit. „Man denkt bei digital ja immer, dass alle arbeiten können, wann und wo sie wollen. Gerade bei dieser Offenheit ist es aber hilfreich, wenn man Routinen und Struktur bietet", weiß Wampfler. „Man kann zum Beispiel vereinbaren, dass jede Woche am Dienstag über das Blog gesprochen wird."

Philippe Wampfler arbeitet bereits seit zehn Jahren mit Blogprojekten im Unterricht. Auch mit anderen Blogprojekten, zum Beispiel zur gemeinsamen Dokumentation des Unterrichts, hat er gute Erfahrungen gemacht. Berichte und Anleitungen dazu veröffentlicht er in seinem Blog.

Neues Fach: Digitalisierung.
Mit Kompetenzorientierung und Portfolio

Zum Schuljahr 2015/16 hat Philippe Wampfler zusammen mit zwei Kollegen ein neues Schulfach „Die digitalisierte Gesellschaft und ihre Medien[34]" gestartet. Dabei stehen im ersten Jahr Diskurse über die Digitalisierung, Einführungen in verschiedene Werkzeuge und der Aufbau eines eigenen YouTube-Kanals im Vordergrund. Im zweiten Jahr wird sich der Fokus auf die Arbeitspraxis in einer digitalisierten Welt verschieben.

Die Benotungen fließen in den den Schulabschluss ein; Klassenarbeiten oder andere Prüfungen gibt es aber nicht. Die Leistungsbewertung erfolgt auf der Grundlage eines individuellen Portfolios, an dem jeder Schüler kontinuierlich arbeitet. Alle Lernziele sind in Form von Kompetenzrastern formuliert. Den Schülern ist freigestellt, in welcher Form sie ihre Kompetenz belegen. Nur digital muss es sein – oder zumindest digitalisiert. „Am Anfang schreiben sie häufig noch in ihr Heft", berichtet Wampfler. „Dann zeigen wir ihnen, dass sie das auch mit Evernote oder Google Drive in digitale Formate überführen können. Das kennen die meist schon von WhatsApp, wo sie sich häufig Arbeitsblätter mit ihrer Smartphone-Kamera digitalisiert als Foto zuschicken."

Jeder Schüler sucht sich zu Beginn eine geeignete Plattform für das eigene Portfolio. „Dafür bieten sich Blogsystem wie Blogger, WordPress oder Tumblr an. Oder man nimmt digitale Werkzeuge wie Evernote, OneNote oder Google Drive", erklärt Wampfler. In ihrem digitalen Portfolio dokumentieren die Schüler nicht nur fertige Arbeiten, sondern als Lerntagebuch auch Zwischenstände und Diskussionen. Die Inhalte müssen zumindest für die anderen Lernenden und die Lehrer zugänglich sein, können aber auch öffentlich geführt werden. Zur Bewertung setzen sich Lehrer und Schüler zusammen und prüfen, wo welche Kompetenzen belegbar sind. „Schüler schätzen sich zunächst selbst ein. Sie können zum Beispiel zeigen: ‚Ich verstehe, was digitale Gesellschaft bedeutet, weil ich einen Blogpost über Facebook-Freundschaft geschrieben habe und einen Podcast zum Phänomen ‚Ghosting' aufgenommen habe.'"

Für Philippe Wampfler ist dieses Vorgehen die konsequente Umsetzung der Möglichkeiten der Digitalisierung für das individualisierte Lernen in der Schule. „Jede Person hat nicht nur einen eigenen Weg um zu lernen, sondern auch um zu zeigen, was sie kann. Die Schüler können in der Arbeit mit dem Portfolio ihre eigenen Stärken einbringen. Manche können besser schreiben, andere besser sprechen. Also sollen sie das nutzen, womit sie ihre Kompetenzen am besten ausdrücken können."

Eckdaten zur Person und Schule

 Philippe
Wampfler

Fächer:

- Deutsch, Philosophie, Digitalisierung;
- Fachdidaktik Deutsch

Schule:

- Kantonsschule Wettingen (Aargau, Schweiz), Gymnasium, 1050 Schülerinnen und Schüler.
- 2017 hat Philippe Wampfler die Schule gewechselt und arbeitet nun an der Kantonsschule Enge in Zürich
- In der Schweiz ist die Abiturquote recht tief (im Kanton Aargau rund 17% eines Jahrgangs), das Leistungsniveau (mit 13 Schuljahren und Schuleintritt mit 6) recht hoch

**Aufgaben
in der Schule:**

- Social-Media-Manager für Öffentlichkeitsarbeit
- Mitglied der Steuergruppe Kommunikation

Berufsbiographie

- Studium der Germanistik, Mathematik und Philosophie, Lehramtsstudium
- Unterricht auf verschiedenen Schulstufen
- Verschiedene Schulentwicklungsprojekte und Lehraufträge an Hochschulen
- Beratungsmandate im Bereich Lernen und neue Medien
- Aktuell Dozent für Fachdidaktik Deutsch an der Universität Zürich (30%-Anstellung)

Links

Homepage der Schule: **http://kanti-wettingen.ch/**

Facebook-Seite der Schule: **https://facebook.com/kanti.wettingen/**

Homepage Philippe Wampfler: **http://phwa.ch**

Website „Schule und Social Media" **http://schulesocialmedia.com**

Twitter: **http://twitter.com/phwampfler**

GLOSSAR

BYOD = Bring Your Own Device

Bring Your Own Device (BYOD) ist die Bezeichnung dafür, private mobile Endgeräte wie Laptops, Tablets oder Smartphones in die Netzwerke von Unternehmen oder Schulen, Universitäten, Bibliotheken und anderen (Bildungs-)Institutionen zu integrieren. Darunter verstanden werden auch Organisationsrichtlinien, die regeln sollen, auf welche Art und Weise Mitarbeiter, Schüler oder Studenten ihre eigenen elektronischen Bürogeräte zu dienstlichen oder schulischen Zwecken, insbesondere für den Zugriff auf Netzwerkdienste und das Verarbeiten und Speichern organisations- oder unternehmensinterner Daten, nutzen dürfen.

BYOD soll den Nutzern eine größere Wahlfreiheit bringen und der Organisation eine bessere Orientierung an persönlichen Bedürfnissen ermöglichen. Im Bildungsbereich bietet BYOD ökonomische und ökologische Potenziale: Statt dass Schulen und Hochschulen mit finanziellem Aufwand (hoch-)schuleigene Geräte beschaffen müssen, sollen die zunehmend privat bereits verfügbaren Geräte der Lernenden auch für schulische Zwecke genutzt werden können.

Quelle: Seite „Bring Your Own Device". Wikipedia, die freie Enzyklopädie. Bearbeitungsstand: 17. November 2018 um 11:42 Uhr, abgerufen am 18.12.2018.

WebQuest

Der Begriff WebQuest (engl. „quest" = Suche) steht für Aufgaben, die mit Hilfe von Informationen aus dem Internet bearbeitet werden sollen. Dies bedeutet, dass bei WebQuests nicht die Vermittlung von Internetkompetenz im Vordergrund steht. Vielmehr geht es darum, die Informationen und Materialien, die das Internet bietet, und die Möglichkeiten zur Bearbeitung von digitalen Informationen, die durch Computer eröffnet werden, für problem- und handlungsorientiertes Lernen zu nutzen. Bei dieser in den USA entwickelten Methode erhalten Schüler nach einer

Einführung in ein reales Problem eine Aufgabenstellung, die sie mit Hilfe vorgegebener authentischer Informationsquellen in Gruppen bearbeiten. In erster Linie sind diese Quellen aus dem Internet zugänglich und werden dort abgerufen. Es kann jedoch auch weiteres Material z. B. aus Büchern oder Zeitschriften herangezogen werden. Im Gegensatz zum klassischen Frontalunterricht steht hier die eigenständige Arbeit der Lernenden im Vordergrund, die zur selbständigen Konstruktion von Wissen führen soll.

Quelle: Seite „WebQuest". Wikipedia, die freie Enzyklopädie. Bearbeitungsstand: 19. August 2018 um 17:11 Uhr, abgerufen am 18.12.2018.

Barcamp

Ein Barcamp (häufig auch BarCamp, Unkonferenz, Ad-hoc-Nicht-Konferenz) ist eine offene Tagung mit offenen Workshops, deren Inhalte und Ablauf von den Teilnehmern zu Beginn der Tagung selbst entwickelt und im weiteren Verlauf gestaltet werden. Barcamps dienen dem inhaltlichen Austausch und der Diskussion, können teilweise aber auch bereits am Ende der Veranstaltung konkrete Ergebnisse vorweisen (z. B. bei gemeinsamen Programmierworkshops).

Quelle: Seite „Barcamp". Wikipedia, die freie Enzyklopädie. Bearbeitungsstand: 6. Oktober 2018 um 14:26 Uhr, abgerufen am 18.12.2018.

Lernbüro

Ein Lernbüro ist eine didaktische Organisationsform für selbstorganisiertes Lernen, wobei SchülerInnen in den Lernbüros Themen in Teams erarbeiten und die traditionelle Struktur in Klassen und Schulstunden zugunsten eines Lerntages aufgelöst werden. Die Schule stellt die Lernmittel bereit, der Lehrer die zu erlernenden Themen, doch die SchülerInnen organisieren sich selber. Ein Lernbüro muss gut organisiert sein, d.h., die Materialien müssen überall vorhanden sein […]. Für diese Form des selbstorganisierten Lernen müssen ausreichende Arbeitsplätze zur Verfügung stehen, etwa Computertische mit der entsprechenden Hard- und Software. Die LehrerInnen fungieren hier als Coach, Mentor und

Projektleiter, der von seinen SchülerInnen die Ergebnisse einfordert und als Coach in die richtige Richtung lenkt, ohne reines Auswendiglernen und die Wiedergabe des Gelernten zu fördern. Die SchülerInnen erlernen neben dem fachlichen Wissen als Nebeneffekt auch Fähigkeiten wie Teamwork, Zeitorganisation und Selbstpräsentation. In gut organisierten Lernbüros können sich die LehrerInnen viel besser um die schwachen Schülerinnen kümmern.

Quelle: Stangl, W. (2018). Stichwort: ‚Lernbüro'. Online Lexikon für Psychologie und Pädagogik, abgerufen am 18.12.2018.

Open Educational Resources (OER)

Als Open Educational Resources (englisch, kurz OER) werden freie Lern- und Lehrmaterialien mit einer offenen Lizenz wie etwa Creative Commons oder GNU General Public License in Anlehnung an den englischen Begriff für Freie Inhalte (open content) bezeichnet. Das Konzept von OER kann als eine neue Art der Informationserstellung und -(ver-)teilung im Bildungsbereich verstanden werden. Es ist eine verstärkte Integration von OER im Bereich der internetbasierten Wissensvermittlung sowie in der Fern- und Hochschullehre zu beobachten. Insbesondere im Bereich der Social Media ist eine zunehmende Verbreitung von OER zu erkennen. Auf diese Weise erhoffen sich Autoren von OER einen stärkeren Verbreitungsgrad ihrer Inhalte sowie eine damit einhergehende steigende Reputation.

Quelle: Seite „Open Educational Resources". Wikipedia, die freie Enzyklopädie. Bearbeitungsstand: 29. November 2018 um 18:22 Uhr, abgerufen am 18.12.2018.

Pinterest

Pinterest […] dient als soziales Netzwerk sowie visuelle Suchmaschine, mit der Nutzer Ideen für ihr Leben entdecken und sie sich auf virtuellen Pinnwänden merken können. Andere Nutzer können dieses Bild ebenfalls teilen (repinnen) und ihre Erfahrungen in Form von Kommentaren oder Bildern unter dem Pin teilen. Der Name Pinterest ist ein Kofferwort aus den englischen Wörtern pin „anheften" und interest

„Interesse". Gemeint ist damit, dass man sich nützliche Ideen, die dem eigenen Interesse entsprechen, auf Pinnwänden merken kann. Diese Vorgehensweise ist entweder öffentlich oder seit Ende 2012 auch auf geheimen Pinnwänden möglich.

Quelle: Seite „Pinterest". Wikipedia, die freie Enzyklopädie. Bearbeitungsstand: 7. Dezember 2018 um 07:39 Uhr, abgerufen am 18.12.2018.

1. https://www.youtube.com/watch?v=Jwt3uNXdXac

2. http://edu.real-euro.de/2014/04/praeparation-eines-schweineher-zens-3/

3. http://edu.real-euro.de/

4. http://bildungspakt-bayern.de/lernreich-2-0/

5. http://de.sketchometry.org/

6. https://education.skype.com/mysteryskype/how-it-works †

7. http://www.sdln.de/

8. https://www.flatstanley.com/find_host †

9. https://ontheroadwithflatstanley.wikispaces.com/Stanley+Goes+to+Germany †

10. http://moewenleak.wordpress.com/ †

11. http://inselschule.wikispaces.com/

12. http://kiebitzklasse.wikispaces.com/ †

13. http://shiftingschool.wordpress.com/

14. http://www.classroom4wiki.eu/

15. http://byodkoblenz.wordpress.com/ †

16. http://geschichtsunterricht.wordpress.com/

17. http://bipone.wordpress.com/

18. http://www.liber.io/ †

19. https://quizlet.com/

20. https://learningapps.org/

21. https://kahoot.it/#/

22. http://suz.digitaleschulebayern.de/index.php?id=4

23. Das Projekt basiert auf einer Konzeption, die von der Studentin Mareike Schemmerling 2008 als Bachelor-Arbeit dokumentiert wurde. Schemmerling, Mareike (2008). Konzeption und Implementation einer problemorientierten kooperativen Blended Learning Umgebung im Deutschunterricht am Gymnasium. http://websquare.imb-uni-augsburg.de/files/BA_Arbeit_Schemmerling.pdf (23.8.2015)

24. http://conceptboard.com/

25. http://frauschuetze.de/

26. http://www.zum.de/portal/blog/zumteam/zum-interview-mandy-sch%C3%BCtze

27. http://webgeo.de/

28. https://ethik13.wordpress.com/ †

29. https://philokurs.wordpress.com/ †

30. http://pb21.de/wp-content/uploads/2014/09/broschuere_lernschrittkonzept_2.pdf Dietmar Johlen, Heinz-Dieter Hirth: Das Lernschrittkonzept. Schritt für Schritt auf dem Weg in eine neue Lehr- und Lernkultur. Juni 2012.

31. http://www.powtoon.com/

32. Philippe Wampfler (2013). Facebook, Blogs und Wikis in der Schule: Ein Social-Media-Leitfaden

33. Philippe Wampfler (2014). Social Media – Wie digitale Kommunikation den Körper, die Beziehungen und das Lernen von jungen Menschen verändert, Vandenhoeck & Ruprecht

34. https://awinkler12.wordpress.com/uber-2/

35. http://adgm.phwa.ch/

ÜBER DEN AUTOR

Jöran Muuß-Merholz ist Diplom-Pädagoge und Inhaber der Agentur J&K – Jöran und Konsorten. Mit einem kleinen Team arbeitet er an den Schnittstellen zwischen Bildung und digitalen Medien. Seine Texte, Workshops und Beratungen widmen sich der Frage, wie man moderne Pädagogik mit modernen Medien verbinden kann. Jöran Muuß-Merholz hält Vorträge v.a. im deutschsprachigen Raum, aber zum Beispiel auch in Brno, Cambridge, Cardiff, Stockholm oder Tokio. Texte, Termine und Projekte von Jöran Muuß-Merholz finden sich unter www.joeran.de. Bis Ende 2008 war er Gründungsgeschäftsführer des Archivs der Zukunft, einem Netzwerk reformorientierter Pädagogen.

VORGEHEN UND DANKSAGUNG

Diese Sammlung von Fallbeispielen wurde erstellt, um gute Praxis konkret und anschaulich darzustellen. Für die einzelnen Case-Studies wurden themenzentrierte, halbstrukturierte-leitfadenorientierte Intensivinterviews geführt. Der thematische Fokus lag dabei auf der Frage, inwieweit der Medieneinsatz konkret zur Binnendifferenzierung des Unterrichts und zur Individualisierung des Lernens beiträgt. Die Interviews wurden im Juli und August 2015 geführt, teils face to face, überwiegend fernmündlich.

Die Auswahl der Lehrkräfte orientierte sich daran, ein möglichst breites Gesamtbild zu zeigen, also Praxis aus verschiedenen Schulfächern, Schultypen, Bundesländern und Altersstufen abzubilden. Selbstverständlich kann bei zehn Fällen kein Anspruch auf Vollständigkeit oder Repräsentativität gestellt werden. Vielmehr soll die Publikation Schlaglichter auf gute Praxis werfen. Die Beispiele sollen konkret und anschaulich zeigen, wie schon heute digitale Medien in den Schulalltag integriert werden können, um individuelle Förderung zu stärken.

Großer Dank geht an die zehn Interviewpartner, die mit uns in großer Offenheit und mit hohem Engagement zusammengearbeitet haben. Für die redaktionelle und organisatorische Zusammenarbeit danke ich Gabi Fahrenkrog, Blanche Fabri, Sonja Borski und Vivien Braackert. Außerdem danke ich der Bertelsmann Stiftung, auf deren Initiative das Projekt zurückgeht und die dank einer freien Lizenz die Zweitverwertung in diesem Buch ermöglicht hat. Die ursprüngliche Publikation entstand unter dem Dach des Projekt „In Vielfalt besser lernen" der Bertelsmann Stiftung, das weiterhin existiert: https://www.bertelsmann-stiftung.de/de/unsere-projekte/in-vielfalt-besser-lernen/

LIZENZ, WEITERVERWENDUNG, OER

Der **TEXT** dieser Publikation ist eine Übernahme der Publikation „Chancen der Digitalisierung für individuelle Förderung im Unterricht – zehn gute Beispiele aus der Schulpraxis",

- erstellt 2015 von Jöran Muuß-Merholz im Auftrag der Bertelsmann Stiftung,

- verfügbar als gedruckt Broschüre und online, erstmals auf https://www.bertelsmann-stiftung.de/de/publikationen/publikation/did/chancen-der-digitalisierung-fuer-individuelle-foerderung-im-unterricht/,

- veröffentlicht unter der Creative Commons Lizenz CC BY-SA 4.0 (Namensnennung-Weitergabe unter gleichen Bedingungen), Lizenztext: https://creativecommons.org/licenses/by-sa/4.0/

- Veränderung: Die Kapitel „Vorwort/10 Thesen" sowie der Abschnitt „Vorgehen und Danksagung" wurde für diese Publikation überarbeitet. Darüber hinaus wurden nur kosmetische Veränderungen vorgenommen sowie Umschlag und Titelei verändert.

- Auch der so neu entstandene Text steht unter der Creative Commons Lizenz CC BY-SA 4.0 (Namensnennung-Weitergabe unter gleichen Bedingungen), Lizenztext: https://creativecommons.org/licenses/by-sa/4.0/

Über diese Lizenz und das ursprüngliche Werk hinaus steht die Bertelsmann Stiftung nicht in Verbindung zu diesem Buch (wohl aber der Autor).

Die **FOTOS UND ABBILDUNGEN** dieser Publikationen sind eigenständig lizenziert, i.d.R. über individuelle Vereinbarungen. Die oben erwähnte freie Lizenz erstreckt sich nur auf den Text, nicht auf die Fotos / Abbildungen und damit auch nicht auf das Gesamtwerk.

OER: Damit ist eine Weiterverwendung der Texte im Sinne von Open Educational Resources (OER) möglich. Mehr zu OER kann man in einem weiteren Buch von Jöran Muuß-Merholz erfahren:

Freie Unterrichtsmaterialien finden, rechtssicher einsetzen, selbst machen und teilen
von Jöran Muuß-Merholz, 19,95 Euro
ISBN-10: 3407630611 ISBN-13: 978-3407630612
1. Auflage 2018 | Erscheinungsdatum: 12.2.2018 | 185 Seiten
Verlag: Beltz in der Verlagsgruppe Beltz, Weinheim, Basel
web: www.was-ist-oer.de | twitter: @Was_ist_OER | facebook: fb.com/WasIstOER